Mein Berlin – mein Leben

Ein Band der Reihe
BERLINER PORTRÄTS

Ulli Zelle

Mein Berlin – mein Leben

nicolai

INHALT

PROLOG

Dies ist kein Roman, auch keine Erzählung. Es sind Erinnerungen an ein, an mein Berlin, Erinnerungen eines Reporters in einer Weltstadt im Wandel, von den Siebzigerjahren bis zur Gegenwart.

Gerade durch meinen Beruf verbindet mich so viel mit dieser Stadt. Kaum ein Ort, an dem ich nicht gedreht und Interviews geführt habe, von Spandau bis Marzahn, von Pankow bis Zehlendorf. Keine andere deutsche Großstadt hätte mir eine solche Fülle an Möglichkeiten geboten, so viele Reportagen über diese Metropole, über prominente Persönlichkeiten zu machen ebenso wie über jene, die in dieser wunderbaren Stadt leben, die Berlinerinnen und Berliner. Wir kennen uns. Und grüßen uns. Berlin, meine Vertraute, die mir Chancen eröffnet hat, die mein Leben prägen sollten.

Danke dafür.

GROSSE FREIHEIT WEST-BERLIN

Die Ankunft

September 1974. Angekommen, allein. Auf der Rückbank meines Autos meine Schallplattensammlung, zumindest ein Teil davon, Bettzeug, ein paar Klamotten. RI – EN 5, so das amtliche Autokennzeichen meines schwarzen VW-Käfers. RI steht für Rinteln an der Weser.

Nach der zermürbenden Kontrolle auf östlicher Seite in Drewitz das Durchwinken an der West-Berliner Grenzstation, dem alliierten Checkpoint Bravo. Hier wirkte alles heller, die Avus beleuchtet, ohne Geschwindigkeitsbegrenzung jetzt freie Fahrt Richtung Funkturm, dem Symbol Berlins, West-Berlins. Ich musste nur irgendwie nach Kreuzberg kommen. Es gab noch kein Navi, der »Falk«-Faltplan lag auf dem Beifahrersitz und sollte mich in die Lausitzer Straße führen. Der Name Lausitz sagte mir nichts. Aber Berlin, von diesen sechs Buchstaben ging für mich schon lange eine große Faszination aus. Die alte deutsche Hauptstadt, in der sich so viel Geschichte widerspiegelte. Aber der Spiegel war stumpf und brüchig geworden in der Nachkriegsgegenwart. Die Stadt wirkte zerrissen, mit vielen kriegsbedingten Baulücken, Ruinen, Brachen. Und doch so überzeugend groß. Riesig.

Endlich am Kottbusser Tor, in der Wiener Straße, der Reichenberger und schließlich in der Lausitzer Straße. Altbauten so grau wie damals die meisten Häuser in West-Berlin. Ein grauer Schleier lag über der halben ehemaligen Reichshauptstadt, einer Stadt, die irgendwie vergessen schien, aufgegeben, umzingelt von der DDR. Auf den Straßen auffallend viele alte Leute. Und ein ganz besonderer Geruch – Ofenheizung. Endlich fand ich die Hausnummer, die mir ein Freund mitgegeben hatte: Lausitzer Straße Ecke Paul-Lincke-Ufer. Eine schwere Berliner Haustür. Im Flur der sogenannte »Stille Portier« mit den Namen der Mietparteien, unterteilt in Vorder-, Garten- und Hinterhaus. Gartenhaus klang schön. War es aber nicht. Über knarzende Treppenstufen hoch in den zweiten Stock. Auf jeder halben Treppe eine Toilettentür. Schließlich die Wohnung, in der ich nun meine ersten Nächte in Berlin verbringen sollte: ein Zimmer zur Untermiete. Ein Freund von mir wohnte dort und sagte, ein Zimmer sei frei, zumindest für ein paar Tage. Die Wohnung gehöre einer älteren Frau. Es roch nach 4711 und Alter.

Am nächsten Morgen dann Berlin bei Tageslicht. Auch nicht schöner. Am Paul-Lincke-Ufer um die Ecke das Lokal von Ossi Wiener, dem Vater von Sarah Wiener, und das »Morgenrot«, eine linke Szene-Kneipe. Auf der anderen Seite des Landwehrkanals die »Ankerklause«, wo Bauarbeiter ihr Berliner Kindl, Engelhardt oder Schultheiss tranken.

Ich musste dringend einen Job finden. Also eine Zeitung mit Stellenanzeigen kaufen, die *BZ* durchblättern, anrufen. Nichts. Am Abend erfuhr ich, dass ich nicht länger in der Wohnung der alten Dame bleiben könne, der Unter-Untermieter sei zurück und ich müsse sofort raus. Also keine Bleibe in der fremden Stadt.

Links und langhaarig

Irgendwie verschlug es mich an den Kleistpark, in die Grunewaldstraße, und dort in die Kneipe »Oma Plüsch«. Plüsch war Zeitgeschmack, Kontrapunkt zum Schleiflack der Siebzigerjahre. Und schier unerschöpfliche Quelle für Plüschiges: der Sperrmüll. An bestimmten Tagen, in bestimmten Straßen konnten die Leute alles auf die Straße stellen, was raus aus Kellern und runter von Dachböden musste. Ganze Straßenzüge standen dann voll mit alten Möbeln, Lampen, Bildern, darunter wahre Schmuckstücke. Einrichtungen für Wohngemeinschaften, Studentenbuden oder eben auch Kneipen wie das »Oma Plüsch«.

Der Laden war an diesem Abend voll wie immer. Ich stellte mich ins Gedränge an der Theke, als nacheinander die kommunistischen Aktivisten hereinschlurften, die mit der *Roten Fahne* von der KPD/AO, die mit dem *Roten Morgen* von der KPD/ML. Es folgten die Genossen der GUM, der Gruppe undogmatischer Marxisten, und der GIM, der Gruppe internationaler Marxisten. Und schließlich noch Leute der SEW, der »Sozialistischen Einheitspartei Westberlin«, dem West-Ableger der SED, mit ihrer *Wahrheit*, ihrem »Zentralorgan«. Alle hatten ihr Kampfblatt dabei und versprachen den Kneipengästen ein besseres Leben in einer wie auch immer gearteten sozialistischen Welt. Und alle waren sie untereinander idiologisch zerstritten. Idiotisch! Kinderkram. West-Berlin war damals eine Hochburg der linken Szene, hauptsächlich studentisch geprägt.

Nach dem dritten oder vielleicht vierten, fünften Bier kam ich mit einem jungen Mann meines Alters und auffallend langem Haar ins Gespräch: Wolfgang. An den Inhalt kann ich mich nicht erinnern, nur daran, dass er am Ende sagte, ich könne bei ihm in der WG schlafen. Ich ließ also mein Auto stehen und stieg in Wolfgangs Käfer, ein noch älteres Baujahr als meiner. Hinten auf der Motorhaube stand »Lustig ist das Zigeunerleben«. Das hatte die Mutter in Villingen-Schwenningen ihrem Sohn als Abschiedsgruß aufs Auto geschrieben.

Wolfgang fuhr und fuhr und fuhr. Berlin ist groß, das wusste ich, aber so groß? Meine Güte! Ich starrte auf den Schalthebel, eine schwarze Billardkugel mit der 8. Irgendwie beruhigend. Und irgendwann kamen wir tatsächlich an – in Spandau. Wolfgangs WG war in einer Ladenwohnung, vier oder fünf Zimmer hintereinander gereiht, fast alles Durchgangszimmer. Das letzte ganz hinten bekam ich.

Ich hatte keinen Job und kein Geld. Also am nächsten Tag wieder die *BZ* kaufen, und da entdeckte ich die Anzeige einer Werbeagentur am Tempelhofer Damm, die einen Mitarbeiter suchte. Ich hatte ja Werbekaufmann gelernt! Am Tempelhofer Damm, gegenüber vom Rathaus, fand ich schließlich die »Annoncen-Expedition Doescher«, in einem Flachbau, einem der vielen provisorischen Bauten, mit Teerpappe gedeckt, die dort standen, wo Bomben Lücken in die Häuserzeilen gerissen hatten. Bei Doescher konnten Kunden Kleinanzeigen aufgeben. Also eigentlich keine Werbeagentur, aber egal. Der

Inhaber, Herr Doescher, ein Ur-West-Berliner, stellte mich auf der Stelle ein. Und sofort war ich für die Kundschaft zuständig. Meine erste Kundin: eine junge Frau, die »Hausbesuche« anbot – Homeoffice in Sachen Sex, würde es heute heißen. Viele solcher Kleinanzeigen erschienen damals in der *BZ*, dem Boulevardblatt West-Berlins. Ich bearbeitete auch größere Anzeigen von Unternehmen oder Werbung für Kaufhäuser; mein Job bestand darin, die Annoncen in den gewünschten Medien »zu schalten«, in der *BZ*, der *Morgenpost*, dem *Tagesspiegel* oder im *Abend*, der kurioserweise mittags erschien.

Ich hatte also einen Job und, zumindest für ein paar Nächte, eine Unterkunft. Was fehlte, war eine Berliner Meldeadresse. Als Bundesbürger hätte ich zum Bund gehen müssen. In Berlin/West gab es keine Wehrpflicht. Aber um als Berliner zu gelten, musste ich in der Stadt gemeldet sein. In Hannover hatten mir Bekannte aus der alternativen Szene einen Tipp gegeben: Ich solle doch ins »Sozialistische Zentrum« in der Stephanstraße in Moabit gehen, da könne man mir bestimmt helfen.

Das »Sozialistischen Zentrum« in einer Fabriketage mit großen Gemeinschaftsräumen war eigentlich eine Wohngemeinschaft oder Kommune. Ich kam dort nachmittags an. In einem der Räume war offensichtlich gefrühstückt worden, aber niemand hatte den Tisch abgeräumt. Alles lag verstreut herum: benutztes Geschirr, angebrochene Packungen Wurst und Käse, offene Marmeladengläser. Kein Mensch zu sehen. Schließlich schlurfte ein schlaftrunkener Mann herein und fragte, was ich hier wolle. Auf meine Bitte, er möge doch mein Anmeldeformular unterzeichnen, damit ich einen amtlichen Wohnsitz in Moabit hätte, antwortet der Typ belustigt, ich solle den Wisch doch selbst unterschreiben. Das war mir zu heikel. Der Mann bot mir zu essen an und schmierte mir schließlich ein Brötchen mit Marmelade. Mangels sauberer Messer benutzte er dafür den Griff einer Gabel. Für mich, aufgewachsen in ordentlichen kleinbürgerlichen Verhältnissen, ein schockierendes Bild.

Ich bekam einen neuen Tipp, die Adresse eines Studenten, Sohn eines Arztes in Zehlendorf, der großzügig Untermietsverträge unterschrieb. Aus Solidarität mit Wehrdienstverweigerern. So hatte ich endlich eine Unterschrift auf der Meldebescheinigung. Jetzt konnte ich offiziell Berliner werden und erhielt den begehrten Berliner »Perso«, dieses grüne Ding, im Gegensatz zum grauen »westdeutschen« Ausweis laut Aufdruck nur »Behelfsmäßiger Personalausweis«. Eine Petitesse, dem Viermächteabkommen über Berlin geschuldet, nach dem West-Berlin nicht Bestandteil der Bundesrepublik Deutschland war und auch nicht von ihr regiert werden durfte. So mussten alle Bundesgesetze noch einmal vom Berliner Parlament durchgewunken werden. Es gab viele Besonderheiten in West-Berlin, zum Beispiel – rein theoretisch – die Verhängung der Todesstrafe durch die Alliierten, das Waffenverbot, keinen Wehrdienst und – auch theoretisch – die Pflicht, immer einen Personalausweis bei sich zu haben. Den trug ich jetzt stolz in meiner Brusttasche.

Der Mariannenplatz war blau ...

Ich hatte einen Job und war amtlich gemeldet. Aber schon bald musste ich auch in der Spandauer WG meinen Platz räumen. Die Mieterin des Zimmers kam zurück. Durch ein Inserat in der *BZ*, in der ich so viele Damen per Annonce an Freier vermittelt hatte, fand ich schließlich eine Wohnung in Kreuzberg, in der Muskauer Straße 6. Ein Zimmer im zweiten Stock. Das Treppenhaus schien zuletzt vor dem Krieg oder vielleicht noch in der Weimarer Republik gestrichen worden zu sein. (Daran soll sich bis heute nichts geändert haben.) Die Toilette auf halber Treppe. Eine typische Einzimmerwohnung mit Küche, Wohnzimmer, Balkon. Meine eigene Wohnung, die ich mir mit Möbeln vom Sperrmüll einrichtete. Plüsch eben. Und es war schön, die hohen Decken, der Stuck und der Balkon. Wenn es bei Partys einige Gäste nicht runter zur Toilette schafften, gab es ja die Blumenkästen ...

Ich fühlte mich wohl in Kreuzberg 36 (die Zahl stand übrigens für den Postzustellbezirk) mit der Eisenbahnstraße um die Ecke, der alten Markhalle 9, damals noch kein Touri-Hotspot, sondern klassische Nahversorgung mit Fleischer, Bäcker, Käsestand. Ein Hauch verblasster Kaiserzeit. Ganz in der Nähe der Mariannenplatz, den kannte ich schon durch die Musik von Ton Steine Scherben. *Der Mariannenplatz war blau, so viel Bullen waren da*, sang, ja brüllte Rios Reiser heiser ins Mikrofon. Die Band hatte das alte, leerstehende Bethanien-Krankenhaus zusammen mit Studenten, Auszubildenden und Obdachlosen besetzt und lieferte den Agit-Sound für die Szene.

Ich lebte gern in der Muskauer Straße, in diesem Kiez. Für meine Eltern aber, die mich aus Niedersachsen in Kreuzberg besuchten, war es ein Schock. Meine Mutter konnte nicht ertragen, dass ihr Kind in einer solchen Wohnung in einem derart schäbigen Viertel lebte. Das machte sie krank. Die Eltern reisten vorzeitig ab, in tiefer Sorge um den Sohn.

Ich war nach Berlin gekommen, um zu studieren, was mit dem zeitsparenden Effekt verbunden war, nicht zur Bundeswehr zu müssen. Zur Hochschule der Künste (heute Universität der Künste) gehörte das Gebäude des Studiengangs Wirtschafts- und Gesellschaftskommunikation am Einsteinufer. Dafür hatte ich mich angemeldet und wurde zu einer Prüfung geladen, zu einem Aufnahmeverfahren, um an dieser universitären Einrichtung auch ohne Abitur studieren zu können. Ich hatte nur die Mittlere Reife, einen Abschluss an der Höheren Handelsschule und – neben einer abgebrochenen Tischlerlehre – eine Ausbildung als Werbekaufmann vorzuweisen. Ich bestand die Prüfung an der HdK und konnte tatsächlich in naher Zukunft studieren.

Schließlich zog auch meine Freundin Jutta aus Hannover nach Berlin. Es wurde zu eng in meiner Kreuzberger Bleibe. Schon damals war es nicht einfach, eine bezahlbare Wohnung zu finden. Alle, die in dieser Zeit eine Unterkunft suchten, kannten das stadtweit bekannte Ritual: Freitagabend Schlange stehen am Bahnhof Zoo. Da verkauften mobile

Zeitungshändler auf der Straße die ersten druckfrischen Exemplare der Wochenendausgaben mit dem dicken Immobilienteil. Also Zeitung kaufen, schnell in die nächste Telefonzelle, die idealerweise Freundin oder Freund schon blockiert hatte, und anrufen ...

Wir hatten Glück und bekamen, wieder vermittelt durch ein Inserat in der *BZ*, eine Wohnung in Moabit, in der Emdener Straße 24. Wieder eine Ladenwohnung. Vorn ein Zimmer mit Schaufenster, ein Zimmer daneben, nach hinten raus Küche und Bad. An warmen Tagen verlegten wir das Leben auf die Straße, vor den Laden, saßen auf dem Bürgersteig in alten Korbsesseln vom Sperrmüll, frühstückten, tranken Kaffee oder abends Bier. Große Freiheit West-Berlin! Im Haus wohnten noch andere Studenten, mit denen wir uns gut verstanden. Ganz oben, im 4. Stock, thronte Frau Klau, die Hauswartfrau, die immer darauf achtete, dass wir im Hof den Müll auch richtig in die Tonnen drückten. Bei Fehlverhalten schallte es durch den Hinterhof: »Stuken, richtig stuken!« Was so viel hieß wie mit einem Stock den Müll richtig in die Tonne pressen.

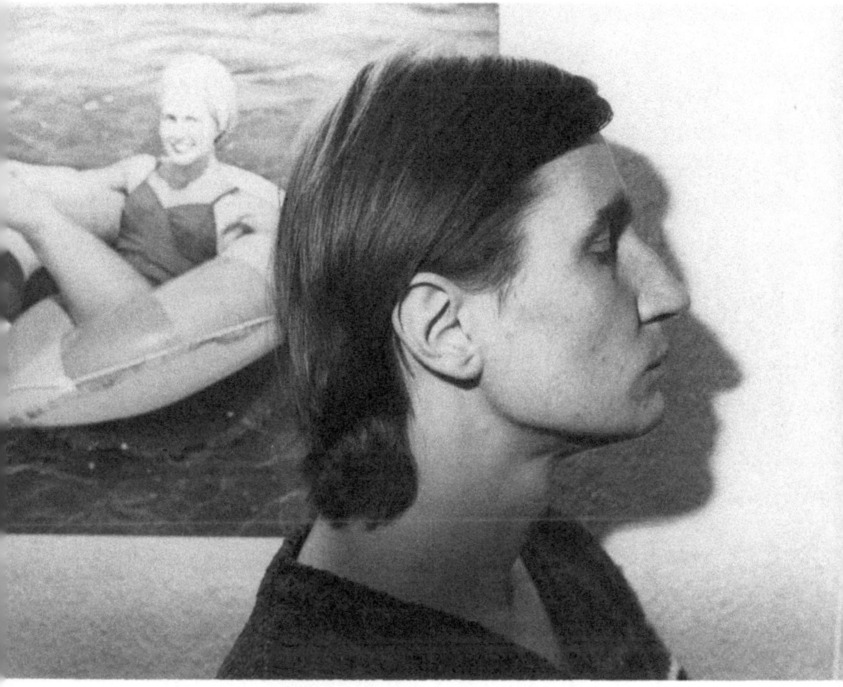

Angekommen: Der Student Ulli Zelle in West-Berlin

Ich steh auf Berlin

Wie in so vielen Straßen des alten Berlins gab es auch in der Emdener an jeder Kreuzung vier Kneipen, also an jeder Ecke eine. Unsere Wohnung lag nicht an einer Ecke, sondern mitten in der Straße, aber auch da gab's ein Bierlokal, die »Emdener Mitte« eben. Noch mit Flipper! Überhaupt die Kneipen ... Meine ersten Berliner Jahre habe ich teils mit dem Studium und größtenteils im Nachtleben ohne Sperrstunde zugebracht. Das war ja das Besondere an dieser Halbstadt, es gab nachts kein Ende, dafür unendlich viele angesagte Lokale, die jeder kannte: in Charlottenburg die »Kastanie« in der Schloßstraße (gibt's immer noch) oder das »Loretta«, ein großes Gartenlokal in der Lietzenburger Straße, an einer Stelle, wo vor dem Krieg ein Haus gestanden haben musste und wo schon große Bäume aus dem Boden wuchsen, unter denen im Sommer Hunderte Gäste saßen. Ein Ort, der die »Berliner Freiheit« ausstrahlte. Doch die meisten »meiner« Kneipen lagen in Schöneberg und Kreuzberg wie die »Meisengeige« in der Goebenstraße, um die Ecke das »Leydecke« in der Mansteinstraße, wo selbstgebrannter Obstwein ausgeschenkt wurde, mit Kopfschmerzgarantie am nächsten Morgen. Dann die »Nulpe«, das »Yorck-Schlösschen« in der Yorckstraße, der »Leuchtturm« in der Crellestraße. Den gibt es auch immer noch. Und auch das »Litfin«, direkt an der Mauer in Kreuzberg, jetzt »Henne«, am heutigen Engelbecken am Michaelskirchplatz. Das Engelbecken war damals zugeschüttet und Grenzbereich, Todesstreifen. Der Bürgersteig direkt vor dem »Litfin« gehörte noch zu West-Berlin, die Straße zum Osten, im Rinnstein verlief die Mauer. Eine verrückte Situation, so direkt an der Grenze an der Theke zu stehen, Bier zu trinken, und ein paar Meter weiter hätte scharf geschossen werden können. Übrigens, Peter Litfin war der erste Mauertote, erschossen zehn Tage nach dem Mauerbau im August 1961, allerdings nicht hier am Engelbecken, sondern am Humboldthafen in der Nähe des heutigen Hauptbahnhofs. Die Gaststätte hatte einen anderen Namensgeber: Der Stummfilm-Pianist Konrad Litfin hatte die Kneipe einst für 14.500 Goldmark gekauft. Zu den späteren Stammgästen gehörten auch die »Gebrüder Blattschuss« mit Jürgen von der Lippe und Beppo Pohlmann. Das »Litfin« soll sie zu der bekannten Kneipenhymne »Kreuzberger Nächte« inspiriert haben. Vierzig Jahre später traf ich Pohlmann, er konnte sich daran nicht erinnern.

Und natürlich gab's Lieblingskneipen, zum Beispiel das »Mocca Faux« in der Grunewaldstraße (2024 drohte das Haus aufgrund von Baumängeln komplett einzustürzen) oder die Pizzeria »La Famiglia« in der Goltzstraße, neben dem legendären »Café M«, das ursprünglich »Mitropa« hieß, aber die Speisewagengesellschaft der Deutschen Reichsbahn hatte geklagt und gewonnen. Hier verkehrten Inga Humpe und die Musiker von »Ideal«, noch bevor sie zu Stars avancierten. *Ich steh auf Berlin* ... Und dann der alte »Dschungel« am Winterfeldtplatz, legendär und einzigartig, mit Sandfußboden. Ein nächtlicher

Szene-Treff. Der »Dschungel« war Kult und immer gerappelt voll. Jede Nacht von Freitag auf Sonnabend, so gegen drei oder vier Uhr morgens, kam der Marktmeister in den Laden und schrie gegen die laute Musik an: »Autos vom Parkplatz!« Sonnabends ist bis heute Markt auf dem Winterfeldtplatz. Also die geparkten Autos weggefahren, und weiter ging's im »Dschungel«. Der Name wanderte später mit dem Gründerteam in die Nürnberger Straße, wo dann David Bowie zu den Stammgästen zählte und den »Dschungel« auch in seinem vorletzten Album besungen hat. Der »Dschungel« am Winterfeldtplatz wurde zum »Slumberland« und hat bis heute Sand auf dem Boden. Und immer noch treffen hier die wenigen noch nicht verstorbenen Alt-Gäste auf die hippe Gemeinde der jungen Nacht-Menschen. Verschwunden dagegen ist die »Ruine«, eine Trinkerkneipe im verbliebenen Rest eines zerbombten Hauses. Einige Alkoholiker-Karrieren endeten dort tödlich. Auf dem Grundstück steht heute ein Neubau nach den Entwürfen des Architekten Hinrich Baller.

Legenden

In dieser Zeit lebte David Bowie in Berlin, in der Hauptstraße in Schöneberg. Gleich nebenan gab es das Café »Anderes Ufer«, ein Schwulentreff, in dem auch wir, meine Freundin Jutta und neue Berliner Freunde, als »Heteros« öfter zu Besuch waren. Einer der Höhepunkte im Programm des »Ufers« war der Auftritt von Philipp und Marc, zwei androgyn geschminkten Comedians aus England mit ihrer »kleinsten Showbühne der Welt«, einer mit Alufolie umwickelten Gemüsekiste. Auf dieser kleinen Kiste stehend, waren sie für alle Gäste im meist total überfüllten Café gut zu sehen und führten ihre Show mit Gesang und deutsch-britischem Wortwitz auf. David Bowie selber habe ich in der Hauptstraße nie getroffen; ich weiß, dass er in der Hausnummer 155 im ersten Stock in einer großen Wohnung zusammen mit Iggy Pop lebte. Und dass er nach einem Anschlag auf das »Andere Ufer«, bei dem die Scheiben des Cafés zertrümmert wurden, eine stattliche Summe zur Wiederherstellung zur Verfügung gestellt hat.

Bowie soll, so sagt es zumindest die West-Berliner Legende, ein inniges Verhältnis zu Romy Haag gehabt haben. Die Ikone der damals noch jungen West-Berliner Travestie-Szene führte einen Club in der Fuggerstraße, das »Chez Romy Haag«. Als Eduard Frans Verba in Holland zur Welt gekommen, machte Romy mit ihren Kollegen und Kolleginnen eine grandiose glitzernde, glamouröse Show auf der Mini-Bühne im Souterrain ihres Clubs. Auch hier war es gerammelt voll, denn zu dieser Zeit gab es noch nicht an jeder Ecke ein Lokal, das anders war als die üblichen Berliner Bierlokale. Mich hat dieser Mann, diese Frau Romy Haag von Anfang an beeindruckt. Mit welcher Ausstrahlung sie ihre Play-back-Songs präsentierte! Und ihre geschminkten Lippen, obwohl sie nicht wirklich sang, zum Timbre mitschwangen, ja bebten. Eine Erscheinung mit voluminöser Perücke, Glitzer im Haar und auf dem Fummel. Ihre Auftritte immer eine große Show auf kleiner Bühne. Auch als junger Reporter bin ich später einmal hinabgestiegen ins »Romy Haag«, durfte hinter den Kulissen drehen, in der sehr engen Garderobe, in der sich die Herren in Damen verwandelten und Romy Haag warnend rief: »Mesdames, le photograph!« Das »Chez Romy Haag« fand übrigens auch Eingang in die musikalische Liebeserklärung der Band »Ideal« an die Stadt, in der Annette Humpe singt: *... im Romy Haag Flasche Sekt 150 Mark.* David Bowie ist mir auch dort übrigens nie begegnet. Annette Humpe auch nicht. Mit Romy treffe ich mich heute noch gelegentlich.

Ganz in der Nähe, im »Metropol«, dem früheren Theater am Nollendorfplatz, befand sich das »Loft«. Die legendäre Monika Döring führte die Geschicke, ihr gelang es, die jungen »Toten Hosen« in den Laden zu bekommen oder die ebenso jungen »Ärzte« oder die »Einstürzenden Neubauten«. Monika Döring, damals schon geschätzt über vierzig, bunte Haare, noch buntere Lidschatten und meist im Look einer Punkerin. Das sollte sich auch bis zu ihrem Tod 2024 im Alter von 87 Jahren nicht ändern. Sie gehörte zu den starken Frauen der Szene im wilden West-Berlin, wie Irene Mössinger, die den ersten alternativen Zirkus aus dem staubigen Boden des noch leergefegten Potsdamer Platzes stampfte, das »Tempodrom«.

Und dann waren da natürlich die berühmten Diskos wie das »Sound« am Magdeburger Platz, das durch Christine F. bekannt wurde, das Mädchen aus der Gropiusstadt, das in die Drogenszene am Bahnhof Zoo abrutschte und deren Leben an der Nadel schließlich verfilmt wurde. Ganz in der Nähe das »Linientreu« im Bikinihaus am Breitscheidplatz oder das »Tolstefanz« am Lehniner Platz, das später als »Far Out« von Bhagwan-Jüngern betrieben wurde. Ein angenehmer Ort zum Tanzen. Obwohl ich eher zu den Typen gehörte, die mit aufgesetzt coolem Gesichtsausdruck die Szenerie am Rande der Tanzfläche beobachteten.

Außerdem gab es Clubs wie das »Go in«, wo Reinhard Mey oder Ulrich Roski ihre Karriere begannen. Und natürlich das »Big Eden« von Rolf Eden. Der Mann im weißen Anzug mit den strohblonden langen Haaren liebte das Leben auf dem Kurfürstendamm, den er stolz in aller Regelmäßigkeit mit seinem weißen Rolls Royce Cabrio entlangfuhr, ja »flanierte«, immer auf der Suche nach potenziellen Liebhaberinnen, die er freundlich »Damen« nannte. In seinem Club, dem »Big Eden« am Kudamm, liefen regelmäßig Wettbewerbe, um die Schönste der Tanzfläche oder der Nacht zu küren. Und die Allerschönste war für Eden »reserviert«. Seine »Königinnen der Nacht« machte er manchmal auch zu Müttern. Aber er soll sich immer, zumindest finanziell, um den Nachwuchs gekümmert haben. So heißt es. Ich habe Rolf Eden gelegentlich zu Interviews getroffen, aber auch einmal privat auf Mallorca, in einem der angesagtesten Yachtclubs, dem »Portals Nous« in der Nähe von Palma, wo er mit einer dieser Mütter und seinem Sohn Ferien machte. Geld spielte keine Rolle. Eden zählte zu den Immobilien-Millionären der Stadt.

Zurück zum »Proletariat«. Eine Besonderheit in der West-Berliner Kneipenszene war die »Motz-Kiste« in der Wilmersdorfer Hildegardstraße, geführt von einem sozialistischen Kneipenkollektiv, das der SEW nahestand, dem SED-Ableger im Westteil der Stadt. Es war die einzige Kneipe in West-Berlin, in der es Bier aus dem Osten gab, das berühmte »Radeberger«, damals noch aus einer volkseigenen Brauerei. In der DDR eher schwer zu bekommen, der West-Export brachte ja Devisen. Heute gehört Radeberger zum Oetker-Konzern. Ein anderes Kneipen-Kollektiv betrieb die »Straßenbahn« in der Laubacher Straße, mit einem aufgeschnittenen Straßenbahnwaggon als Tresen. Hier tranken hauptsächlich Studenten der FU ihr Bier und diskutierten über die Revolution in Nicaragua, Angola, Mozambique, Chile oder Kuba. In der Kneipe an der Laubacher Straße las Rolf Hochhuth vor Publikum und hatte Cindy aus Marzahn ihre ersten Auftritte. Die »Straßenbahn« gibt es immer noch, immer noch als Kollektivbetrieb. Die Trinkgelder gehen nicht mehr wie früher an sozialistische Kooperativen in Afrika oder Mittelamerika, sondern an die Welthungerhilfe oder auch an die Opfer der Flutkatastrophe im Ahrtal.

Hart an der Grenze

Um Kopf und Seele durchzulüften, zog es mich mit meinen neuen Berliner Freunden, mit Wolfgang, Peter, Karl oder Klaus, oft raus an den Rand der Stadt. In welche Richtung wir auch blickten, überall war ja »Osten«: Beton, Scherengitter, Wachtürme. An einigen Stellen der ummauerten Stadt gab es Exklaven, also West-Berliner Gebiet auf dem Territorium der DDR, wie in Steinstücken kurz vor Potsdam oder der Kleingartensiedlung an der »Bürgerablage« in Spandau. Da mussten die Laubenpieper erst mal an einer Tür in der Mauer klingen und wurden dann von bewaffneten Grenzsoldaten zu ihrem Grundstück gebracht. West-Berliner Kuriositäten.

Aber auch mitten in der Stadt gab es solche kuriosen Grenzziehungen. Wo heute die Hochhäuser am Potsdamer Platz in den Himmel ragen, standen damals nur eine Handvoll Bauten, darunter die Ruine vom »Haus Vaterland«, vor dem Krieg ein großes Kempinski-Hotel mit Restaurants, Kinosälen, Bars. Zwar auf Ost-Berliner Gebiet gelegen, aber von der Mauer quasi ausgeklammert. Wir kletterten, verbotenerweise, nachts aufs Dach des einstigen Vergnügungstempels und standen da oben auf Augenhöhe mit den Grenzsoldaten auf dem gegenüberliegenden Gebäude in Ost-Berlin. Die hatten allerdings Fernrohre.

Das »Haus Vaterland« fiel noch vor dem Mauerfall den Abrissbaggern zum Opfer. Ein paar andere Gebäude blieben, so das »Haus Huth« und der Rest des Hotels »Esplanade« mit dem Kaisersaal, der später um etliche Meter ins Sony Center »verschoben« wurde. Und dann die Hansastudios, in denen David Bowie noch zu Mauerzeiten drei Alben produzierte. »Die Mauer im Rücken so kalt und Schüsse (zer-) reißen die Luft«, heißt es in seinem Song »Heroes«.

Für uns aus dem Westen war die Mauer durchlässig. Und ich als ehemaliger »Westdeutscher« hatte noch einen Pass der Bundesrepublik Deutschland, mit dem ich ohne Voranmeldung oder Visum nach Ost-Berlin einreisen konnte. Allerdings musste jeder Besucher 25 DM-West gegen 25 Ost-Mark eintauschen, die allerdings weit weniger wert war. Egal, denn selbst 25 Ost-Mark ließen sich drüben nur schwer ausgeben. Alles war so preiswert. Wer nur einen West-Berliner Ausweis hatte, musste ein Visum beantragen. Dafür hatte die DDR extra fünf sogenannte »Besucherbüros« im Westteil der Stadt eingerichtet, in denen ein »Berechtigungsschein zum Empfang eines Visums der DDR« beantragt werden konnte, das »Besuche und Reisen von Personen mit ständigem Wohnsitz in Berlin (West)« ermöglichte. Jeden Morgen kamen die Genossen »von drüben« mit ihrem Barkas-Lieferwagen und Kisten voller Formulare in den Westen. Die »Besucherbüros« waren ein Stück DDR in West-Berlin: Die Mitarbeiter steckten in braunen Anzügen, gaben sich unterkühlt und unnahbar. Hundertfünfzigprozentige Genossen, die nach ihrer Schicht brav im Barkas zurück in den Osten fuhren. Auch an den Grenzübergängen wurde übrigens unterschieden zwischen West-Berlinern und Westdeutschen. Realer Sozialismus – realer Irrsinn.

Für mich als »Westdeutschen« ging es öfter »rüber«. Wir fuhren meist über die Heinrich-Heine-Straße. Dort immer eine penible Kontrolle von Papieren und Pkw. Strikt verboten war die Mitnahme von Presseerzeugnissen, aber auch Platten oder Musikkassetten mussten im Westen bleiben. Auf der Ostseite dann eine andere Welt. Zwar die gleiche Sprache, die gleiche Stadt, und doch ein anderes Lebensgefühl, ein anderer Geruch, der nach Braunkohle und Zweitaktern. Zwischen den Trabis, Wartburgs, Skodas und Polski Fiats fuhren wir mit unserem Käfer meist zum Alex, Unter die Linden und zum Pariser Platz, der war Grenzgebiet und menschenleer. Keine Gebäude, nur die Reste der Akademie der Künste, kein Adlon, keine amerikanische oder französische Botschaft, nur Asphalt vor dem Todesstreifen. Ein merkwürdiges Gefühl, Reichstag und Siegessäule aus dieser Perspektive zu sehen.

Abends in Ost-Berlin versuchten wir manchmal, in die Disco »Café Nord« in Prenzlauer Berg zu kommen, aber die Schlangen waren lang, und als Westler hatten wir nicht die Geduld, wie die Menschen im Osten lange anzustehen. Anstehen hieß es dann nämlich wieder an der Grenze. Und die Grenzer verstanden keinen Spaß. Udo Lindenberg hat das so treffend in seinem Song über das »Mädchen aus Ost-Berlin« besungen: »... und sie sagt, eh, du musst ja spätestens um zwölf wieder drüben sein, sonst gibt's die größten Nervereien, denn du hast ja nur 'n Tagesschein«.

Ja, das Mädchen aus Ost-Berlin gab es auch bei mir. Ein FDJ-Mitglied mit blauem Hemd und der gelben Sonne auf dem Ärmel. Wir lernten uns am Alex kennen, wir fuhren mit meinem Käfer nach Weißensee, ins »Milchhäuschen«, eine Art Mokka-Milch-Eisbar direkt am Wasser. Es gab Club-Cola und Berliner Weiße. Wir quatschten über das Leben hier und »drüben«, tauschten Adressen aus, wollten uns wiedersehen. Sie wohnte in der Leninallee, irgendeine Hausnummer über 300. In meinem niedersächsischen Dorf standen nicht mal 300 Häuser.

Auch ich musste spätestens um zwölf wieder drüben sein, im Unterschied zu West-Berlinern, die durften bis eins bleiben. Aber auch die Stunde mehr hätte nicht geholfen, meine Beziehung zu der FDJlerin im Blauhemd zu vertiefen. Es blieb beim Austausch der Adressen. Es gab kein Wiedersehen.

Mein Übergang war die Heinrich-Heine-Straße. Das war streng vorgeschrieben. Auch auf dem Rückweg lange Schlangen, stundenlanges Anstehen. Immer hatten wir das Gefühl, in der falschen, der langsameren Spur zu stehen. Waren die Grenzer bei der Einreise auf das Suchen nach mitgeführten Medien spezialisiert, so ging es bei der Ausreise um Fluchtvereitelung: Kofferraum auf, Motorklappe und Rückbank hoch, mit einem langen Draht im Tank herumstochern. Das dauerte bis zu einer Stunde, dann erst öffnete sich in der zwei Meter dicken Betonmauer endlich der rot-weiße Schlagbaum Richtung Westen zum Moritzplatz. Während im Osten um Mitternacht schon nichts mehr los war, ging in West-Berlin das Leben noch munter weiter. Erste Station dann die »Stiege« an der Oranienstraße für eine Pizza.

Vom Tischler zum Texter

Das Studentenleben bot viele Freiheiten, die Stadt zu entdecken. Und doch ging ich täglich zur Uni. Von der Emdener Straße in Moabit hatte ich es nicht weit zur HdK, der Hochschule der Künste: Gotzkowskystraße runter, über die Spree, Marchstraße lang, über den Landwehrkanal und dann ans Einsteinufer. Die Uni ein Neubau der frühen Siebzigerjahre, Waschbetonfassade, daneben noch ein paar Altbauten, die Wohnhäuser vom Abriss bedroht. Sie sind längst weg. In einem hielt sich lange ein griechisches Restaurant, ideal für unsere Vorlesungspausen. Das Universitätsgebäude hatte fünf Stockwerke. Neben Wirtschafts- und Gesellschaftskommunikation gab es dort noch Fachrichtungen wie Siebdruck oder Schaufenstergestaltung. Und Reprofotografie – heute so selten, dass mein Rechtschreibprogramm muckt. Zu meinen Studienfächern in der Wirtschafts- und Gesellschaftskommunikation gehörten Psychologie, Werbetext, Video, Wirtschaftskunde.

Ich hatte großen Spaß daran, etwas mit Medien zu machen, das war tatsächlich mein Traum, lange bevor der »Etwas-mit-Medien«-Spruch aufkam. Als Zwölfjähriger wollte ich Reporter werden, damals bei den *Schaumburger Nachrichten*, dem Lokalblatt in meiner alten Heimat.

Meine Kindheit hatte ich im Landkreis Schaumburg, in einem Dorf namens Liekwegen verbracht, war in der benachbarten Kleinstadt Obernkirchen zur Schule gegangen, und in Obernkirchen hatte ich auch

»Hauptsache was mit Medien«: Als Zwölfjähriger in Liekwegen an der Schreibmaschine

versucht, den Beruf des Tischlers zu erlernen, um später Innenarchitektur studieren zu können. Aber Tischler war nichts für mich. Als Lehrling musste ich meist in größeren Wohnsiedlungen die immer gleichen Fenster und Türen einbauen oder ein neues Gefängnis mit Zellenfenstern ausstatten. Das muss ich wohl sehr ordentlich gemacht haben, später saßen in Bückeburg RAF-Mitglieder unter hohen Sicherheitsauflagen ein, sicher auch dank meiner Fenster.

Nach einem Jahr als Bautischler-Lehrling war Schluss. Zu stumpfsinnig, zu staubig, zu schlecht bezahlt. Komischerweise sehnte ich mich zurück in die Schule. Also machte ich noch einen Abschluss an der Höheren Handelsschule in Minden. Von der Handelsschule ging es nach Hannover, in die Agentur »Graphik und Werbung«. Die Ausbildung dort konnte ich 1973 erfolgreich abschließen.

Fünfzig Jahre später fuhr ich aus reiner Neugier noch einmal an dem Haus in Hannover-Kirchrode, in dem diese Werbeagentur war, vorbei, klingelte, doch niemand öffnete. Ein Nachbar sprach mich an, fragte, was ich hier suche. Ich erfuhr, dass mein damaliger Lehrherr, der Firmenchef, weit über neunzig und noch immer täglich für ein paar Stunden im Büro sei. Ich kam wieder. Ein unglaubliches Treffen nach einem halben Jahrhundert! Zur kleinen Firmenwagenflotte der Agentur hatte damals auch der schwarze Käfer gehört, den ich für 500 DM gekauft hatte, um später mit ihm nach Berlin aufzubrechen.

Ein weiter Weg vom Bautischlerlehrling über die Ausbildung in der Werbeagentur zum Studenten an der Hochschule der Künste. Und mein Studium an der HdK mit sechs Semestern bis zum Diplom verlief unproblematisch. Die Dozenten vergaben großzügig gute Noten, selbst bei weniger guter Leistung. Aufgrund des langen und harten Nachtlebens konnte ich nicht an allen Seminaren teilnehmen. Mein guter Freund Karl allerdings war immer in sämtlichen Vorlesungen und trug mich in die Anwesenheitsliste ein: U. Zelle. Deshalb hieß ich bei ihm einfach nur U-Punkt. Bis heute.

Für unsere Gruppenpräsentation im Vordiplom beschäftigten wir, meine Freunde Peter und Rolf und ich, uns mit der Berliner Off-Kino-Szene. Dazu gehörten Kinos wie Lupe, Notausgang, Filmkunst 66 oder Cinema. Wir entwickelten für diese sogenannten Programmkinos ein einheitliches Design, eine Corporate Identity, um sie in der Konkurrenz zu den kommerziellen Kinos zu stärken. Schon damals ging ich gern in diese kleinen Häuser mit dem besonderen Filmangebot, die Streifen wie Wim Wenders »Im Lauf der Zeit« oder Rosa von Praunheims »Bettwurst« zeigten. Oder Filme von Werner Herzog oder Lothar Lambert. Und wir produzierten auch selbst einen Film: »Grün ist Leben«, so der Titel. Es ging um die Rettung von Grünflächen in Berlin, die durch den geplanten Ausbau der Stadtautobahn gefährdet waren. Die A 100 endete seinerzeit in Schöneberg noch am Südbahnhof, in Richtung Tempelhofer Feld war eine Schneise in die Stadtlandschaft geschlagen, mit einem bereits aufgeschütteten Damm für die Trassenführung. In den märkischen Sand der Baustelle rammten wir ein Schild mit unserem Filmtitel »Grün ist Leben«.

Zu den Protagonisten unseres Filmprojekts gehörte Ben Wagin. Unsere erste Kontaktaufnahme mit dem Künstler war in der Joseph-Haydn-Straße in Tiergarten verabredet, vormittags um elf Uhr. Im Souterrain lagen Wagins Atelier und seine Wohnung. Wir klingelten. Nach einer Weile öffnete uns ein kleiner nackter Mann. Einzige Bekleidung: eine Lederkappe auf dem kahlen Kopf. Wagin bat uns herein, bot uns Tee an, ich glaube Brennnesseltee, dazu Algensuppe. Wieder ein Kulturschock für den jungen Mann aus der Provinz.

Ben Wagin lobte unser Projekt, gab uns ein Interview. Er war damals Berlins erster Baumpate und warb für die Ansiedlung des Gingkobaums in unserer Region; der Ginkgo stammt aus China und sei widerstandsfähig gegen Umwelteinflüsse, selbst im Großstadtklima würde er sich bestens entwickeln. Ganz in der Nähe von Wargins Ateliers prangte an einer Brandmauer sein »Weltbaum«, ein riesiger gemalter Baum, in dessen Krone die Feinde der Natur abgebildet waren: Autos, Motorräder und ein großes Schiff – die Arche zu unserer Rettung? Ich war fasziniert von Ben. Aber ich ahnte nicht, dass wir bis zu seinem Tod 2021 immer wieder beruflich miteinander zu tun haben sollten. Wir mochten uns trotz aller Unterschiedlichkeit. Anfangs schrieb er sich mit r, also Wargin. Unter diesem Namen kam er 1930 im heutigen Polen zur Welt. Er selbst strich das »r« irgendwann, weil »War« an Krieg erinnere.

Sägen und Suchen

Mein BaföG reichte nicht, also musste ich dazuverdienen und war viele Monate Auslieferungsfahrer eines Baumarktes in der Gropiusstadt. Mit einem 7,5-Tonner fuhr ich Farbeimer und Tapetenkartons durch West-Berlin. Das half mir, die Stadt noch besser kennenzulernen. Wenn nicht als Fahrer, arbeitete ich im gleichen Baumarkt an der Säge, um Spanplatten, Leisten, Balken oder andere Holzteile für die Kunden zurechtzuschneiden. In der Gropiusstadt ähnelten sich die meisten Kundenwünsche, weil die Wohnungen in den Hochhäusern normiert waren. Ich wusste also, wie breit die Spanplatte für die Küche neben der Spüle sein musste oder wie lang das Gardinenbrett im Wohnzimmer. Als Mann an der Zuschnittsäge war ich ein kleiner König. Hat Spaß gemacht.

Aber irgendwann musste ich mein Studium abschließen. Meine Diplomarbeit hatte den Titel »Validitätprüfung einer Verständlichkeitsformel«. Es ging um eine Methode, mit der Texte auf ihre Verständlichkeit untersucht werden sollten. Dazu hatte mein Professor einen sogenannten »Lückentest« entwickelt, das heißt in Texten mit unterschiedlichen Schwierigkeitsgraden wurde jedes vierte oder fünfte Wort weggelassen. Die Testperson musste diese Lücken füllen; je schwieriger der Text, desto schwerer die Aufgabe für die Probanden. Ich vermute, der Test hat sich in der Praxis nie durchgesetzt. Später erfuhr ich, der Professor beging Selbstmord.

Ich machte meinen Abschluss mit einem Notendurchschnitt von 1,1. Das versetzte mich in die Lage, an der Uni selbst Fächer zu studieren, die einen hohen Numerus clausus hatten, zum Beispiel Jura oder Medizin. Mir gefiel das Studentenleben im wilden West-Berlin, ich wollte weiterstudieren. Ich probierte verschiedene Studiengänge aus. Jura war angesagt, ich hatte mir schon Gesetzessammlungen besorgt. Aber die Seminare in der Rostlaube an der Freien Universität waren so überfüllt, dass ich, wie viele andere, meist auf dem Flur sitzen musste. Außerdem gefiel mir die trockene Materie der Juristerei dann doch nicht. Also versuchte ich es mit Tiermedizin und nahm an einem »Schnupperseminar« in der Tierklinik in Düppel teil, wo vor allem Pferde und Rinder untersucht wurden. Wir sollten mit einem langen Gummihandschuh einem armen Rindvieh von hinten ins Gedärm greifen. War mir Jura zu trocken, war mir das hier zu feucht. Ich ging zu den Germanisten, besuchte Seminare, in denen wir »Reinecke Fuchs« auf Mittelhochdeutsch lasen und Bezüge zu gegenwärtigen Hierarchien herstellen sollten. Hmm. Dann vielleicht Erdkunde, auf Lehramt? Aber das studierten nur Frauen, und die Perspektive, später Kindern an einer Schule Geografie beizubringen, war wenig verlockend.

Schließlich landete ich da, wo ich hingehörte, nämlich in der Publizistik. Denn eigentlich, wie schon gesagt, wollte ich ja seit meinem zwölften Lebensjahr Reporter werden. Die Seminarräume der Publizisten waren damals in West-Berlin verstreut;

es gab einige am Roseneck in einer alten Villa, aber auch in der Malteserstraße in Lankwitz und am Rüdesheimer Platz. Ich habe mich redlich bemüht, so viele Scheine wie möglich zu machen, so viel wie möglich zu lernen, aber ein Abschluss kam am Ende nicht zustande. Aus dem ganz einfachen Grund, weil ich parallel zum Studium schon längst als Reporter arbeitete.

Mein Gott Walter

Ein Kommilitone von der HdK, Rolf Schnakenberg, mit dem ich die Kino-Kampagne entwickelt hatte, war mittlerweile in einer PR-Agentur in Bonn beschäftigt, bei »Info Plan«. Diese Agentur wiederum gehörte zu einem internationalen Agenturnetzwerk, mit einer Niederlassung in Berlin. Durch seine Vermittlung konnte ich mich bei »Info Plan« in Berlin vorstellen, im 16. Stock des Europa Centers, dem damals einzigen Hochhaus im Zentrum West-Berlins, direkt neben der Gedächtniskirche. Der Chef hieß Walter Rimpler, ein rundlicher, witziger Mann. Nach einem kurzen Gespräch über meine Wünsche und sein Stellenangebot, bat er mich ans Fenster. Auf dem Fensterbrett stand ein Fernrohr. »Gucken Sie mal durch, schauen Sie mal nach unten.« Da unten waren die Schwimmbecken einer Therme in der Nürnberger Straße, in denen sich die Gäste der Sauna tummelten, Männer und Frauen unbekleidet. Das fand Rimpler sehenswert. Und das galt damals nicht als anstößig, auch nicht seine Krawatte, die auf der Rückseite eine schlanke nackte Frau zeigte, in Seide gestickt, die er mir schmunzelnd präsentierte. Andere Zeiten. Trotzdem, ich mochte diesen Mann, und ich verdanke ihm viel.

Mein Einstieg in den Job als Texter in der Agentur bedeutete, dass ich Texte für das Berliner Verkehrsamt verfasste. »Info Plan« arbeitete im Auftrag des Senats. Ich schrieb also für den Berlin-Tourismus, über Sehenswürdigkeiten, Veranstaltungen,

Museen, Kunst und Kultur. Dieses Schreiben für Berlin hat meinen Blick auf die Stadt geschärft.

Mein nächster Arbeitsplatz lag im schicken Grunewaldviertel, in der Lassenstraße. Auch die Werbeagentur »Uniconsult« hatte den Senat als Kunden. Durch Rimplers Vermittlung konnte ich dort für ein kleines Magazin mit Millionenauflage schreiben. Das Blatt, finanziert vom Senat, hieß schlicht *Berlin tut gut* und wurde in viele Sprachen übersetzt, um damit in aller Welt für Berlin zu werben. Mein Büro war eine kleine Dachkammer in der ansonsten großzügigen Villa mit parkähnlichem Garten und einem prächtigen Entrée. Nach meinen ersten Arbeitserfahrungen in Berlin, in dem ölbeheizten Flachbau der »Annoncen-Expedition Doescher« am Tempelhofer Damm, war das schon paradiesisch. Bei der »Uniconsult« arbeiteten kreative Köpfe wie zum Beispiel Thomas R. P. Mielke, der neben Marketingkonzepten und Werbetexten für Zigaretten oder Bier spannende Science-Fiction-Romane verfasste. Oder Bernd Vrubliauskaite, dem die Erfindung des Slogans »Berlin tut gut« zugeschrieben wird. Als er einmal zur »kreativen Findung« tagelang von der Bildfläche verschwunden war, wusste niemand, wo er steckte, bis er eines Tages mit »Berlin tut gut« um die Ecke kam. Seine Mutter bewirtschaftete damals die Promikneipe »Kleine Philharmonie« in der Schaperstraße, ein Treffpunkt von Schauspielern, die gegenüber in der Freien Volksbühne spielten, und ebenso beliebt wie das griechische Restaurant »Foffis« in der Nachbarschaft, das selbst der Dramaturg Heiner Müller aus

Ost-Berlin dank Promi-Reisefreiheit regelmäßig besuchen konnte.

Chef des Hauses bei der »Uniconsult« war Jens-Uwe Zimmermann, mit besten Drähten in die zuständige Senatsverwaltung und das Verkehrsamt. Die Zusammenarbeit zwischen Senat und Agentur war gekennzeichnet von gegenseitigen Zuwendungen. So gab es einen sogenannten »Reptilienfonds«, also Geld aus dem Landeshaushalt, das für besondere Zwecke verwendet werden durfte, ob für erlesene Kekse für den rundlichen Leiter des Verkehrsamtes, Geschäftsessen, Empfänge, Reisen. Eben Wellness für Berlin, denn Berlin sollte ja guttun.

Während meiner Tätigkeit als Texter der »Uniconsult« bekam ich das Angebot, als Lokaljournalist für die Berliner Bezirkszeitungen zu schreiben. Wieder war Walter Rimpler im Spiel. Das waren Ende der 1970er zwölf Blätter, West-Berlin umfasste zwölf Bezirke. Ich schrieb für Charlottenburg, Wilmersdorf, Zehlendorf, Tempelhof und Schöneberg. Verlagschef war ein gewisser Professor Koska, ein Wiener Geschäftsmann, charmant, aber undurchsichtig. Keiner wusste so genau, in welchem Fachgebiet er habilitiert hatte. Aber den Habitus eines Professors hatte er.

Unsere Redaktion war in der Schaperstraße, mit der »Kleinen Philharmonie« nebenan und der Freien Volksbühne gegenüber. Und so lernte ich weiter ein gutes Stück der Stadt kennen. Ich saß auf den harten Bänken in den letzten Reihen der Bezirksverordnetenversammlung, berichtete über Kommunalpolitik und zog als Lokalreporter durch die Stadt, auch als Fotograf. Das war dann schon ein Fulltime-Job, und das Studium beziehungsweise der Abschluss in Publizistik rückte mehr und mehr in den Hintergrund. Nebenbei schrieb ich für die *Jüdische Allgemeine Zeitung* und wurde durch meine Beziehung zu Rimpler, der den Vorsitzenden der Jüdischen Gemeinde gut kannte, zum Redenschreiber von Heinz Galinski. Galinski hatte den Holocaust überlebt, war jahrelang in Auschwitz interniert gewesen und doch ohne Hass gegen dieses Land und seine Menschen, mehr noch, er war fest davon überzeugt, dass jüdisches Leben in Nachkriegsdeutschland ein fester, akzeptierter Bestandteil unserer Gesellschaft ist und bleiben wird. Aber er erkannte auch untrügliche, versteckte Zeichen von Antisemitismus und Rassismus. Seine Reden waren im Kern Warnungen vor einem wieder aufkommenden Nationalismus. Es fiel mir nicht schwer, diese seine Gedanken in Worte zu fassen. Auch ich dachte und denke so.

Das Honorar war bescheiden, meist gab es fünfzig DM für eine Rede. Ich schrieb gern für Heinz Galinski.

Holz, Leim, Parfüm und Schweiß

Neben dem Job bei den Bezirkszeitungen und dem Redenschreiben wurde ich Statist an den Staatlichen Schauspielbühnen. Der Theater- und Opernregisseur Hans Neuenfels inszenierte »Penthesilea« von Heinrich von Kleist. Dafür suchte er vierzig junge Frauen und Männer für die Komparserie, die er als »Bewegungschor« bezeichnete. Wir waren also nicht nur Statisten, die stumm und starr auf der Bühne standen, sondern wurden stärker in die Handlung integriert, einige von uns sogar mit Textpassagen. Neuenfels' Inszenierungsansatz war, Kleists Lebenswelt, das Preußen des 18. Jahrhunderts, mit dem antiken Hintergrund der Penthesilea zu verbinden. So traten die Komparsen teils in preußischen Uniformen auf, teils als Griechen, nur mit einem Suspensorium bekleidet. Da ich schon damals nicht gerade über eine athletische Figur verfügte (eher hüftsteif war) und die »Griechen« aber mit nacktem Oberkörper auf der Bühne standen, kam für mich eher die Preußenuniform infrage. Weiße Perücke, Militärrock und Gamaschen, das passte. Es war eine aufregende Zeit an den Staatlichen Schauspielbühnen, dem Schiller-Theater, der Werkstatt und dem dazugehörigen Schlosspark Theater. Mit Hans Neuenfels und Elisabeth Trissenaar arbeiten zu können, auf einer Bühne zu stehen mit Katharina Thalbach, Nicole Heesters und Berta Drews ... Das waren große Namen. Und ich als junger Kerl aus Liekwegen dabei. Und die Bühne roch so gut, nach Holz, Leim, Parfüm und Schweiß.

Unter dem Intendanten Boy Gobert mimte ich stumm einen preußischen Beamten namens »Schitrum« im »Hauptmann von Köpenick« und auf der Werkstatt-Bühne des Schiller-Theaters einen Soldaten der Nationalen Volksarmee der DDR in dem Stück »Ritt auf die Wartburg«, unter anderem mit Hansi Jochmann und Gudrun Gabriel. War schon komisch, als Westler im »Waffenrock« eines Ost-Soldaten zu stecken. Meine zweite Neuenfels-Inszenierung war »Der Balkon« von Jean Genet mit Bernhard Minetti in einer Paraderolle. Ich spielte einen Fotografen und hatte sogar ein paar Sätze, also Text.

Ich liebte dieses große Haus an der Bismarckstraße mit seiner Kantine, in der wir Komparsen mit den Schauspielerinnen und Schauspielern ins Gespräch kamen. Das Gebäude wirkte unergründlich mit seinen Gängen und Garderoben, der Maske, den Werkstätten und natürlich der Bühne mit »eisernem Vorhang« und Inspizientenpult. Von dort wurden alle Mitwirkenden über die Haussprechanlage zu ihren Auftritten gerufen: Technik, Beleuchtung, Requisite, die Schauspieler und die Komparsen.

Sehr speziell war eine kleine Komparsen-Rolle als SA-Henker in »Furcht und Elend des Dritten Reiches« von Bertolt Brecht. Ich trug eine braune Uniform, rote Armbinde mit schwarzem Hakenkreuz, Reiterhosen, Stiefel, Koppel mit Reichsadler, das volle Programm. In diesem Aufzug schrieb ich während der oft langen Pausen die ein oder andere Rede für Heinz Galinski, gegen Faschismus und Antisemitismus. Krass.

Im Auftrag der Jüdischen Gemeinde verfasste ich auch Texte für die SFB-Sendung »Aus dem Leben der Jüdischen Welt«, die jeden Freitag zum Schabbat ausgestrahlt wurde. Und kleinere Artikel für die *Jüdische Allgemeine Zeitung*. Die hatte ihren Hauptsitz in Frankfurt am Main, in Berlin eine Redaktion in der Joachimsthaler Straße, zwischen Kurfürstendamm und Lietzenburger Straße. Das Gebäude, ein unscheinbarer Altbau, wurde schon damals von zwei Polizisten rund um die Uhr bewacht.

Jutta und ich samt Hund Schröder, benannt nach Schroeder von den Peanuts, lebten mittlerweile in der Prinzregentenstraße 42, ganz in der Nähe des RIAS, des Rundfunks im amerikanischen Sektor. *Eine freie Stimme der freien Welt*, so der Claim damals. Unsere Wohnung lag im Hinterhaus eines klassischen Berliner Altbaus, drei Zimmer, Küche, Bad im dritten Stock, mit einem bröckelnden Balkon zum Hinterhof raus, Miete für achtzig Quadratmeter anfangs 175 DM. Wie die meisten Altbauten West-Berlins in dieser Zeit war auch unser Haus eins, in das wenig investiert wurde. Geheizt haben wir mit Kachelöfen, in der Küche und im Bad musste ein Radiator reichen.

Neben der Altbauwohnung in Wilmersdorf gab es noch die Laube in der Nähe des Glienicker Sees. Ungewöhnlich für Leute in unserem Alter, denn so etwas war damals eher was für Spießer, für Ältere. Unsere Laube lag auf dem ehemaligen Gutshof Glienicke, auf dem noch ein paar Stallungen standen, in denen Großstädter ihre Pferde hielten. Der Rest war kriegsbedingt abgeräumt, das Gutshaus verschwunden. Der große Park war parzelliert, aufgeteilt in kleine Laubengrundstücke. Wir hatten unsere Parzelle für 150 DM im Monat gemietet, fast so teuer wie die Wohnung in der Stadt. Die Laube hatte 24 Quadratmeter Wohnfläche, das Ganze im Stil der Fünfzigerjahre, Holz, Glasfront, dazu ein kleiner Garten. Ideal zum Chillen, was damals noch Rumhängen hieß, oder auch um Party zu machen. Gefeiert werden musste leise, wegen der spießigen Kleingarten-Nachbarschaft. Das Schönste aber an diesem Grundstück war die Nähe zum Glienicker See. Ein schmaler Pfad führte zum Wasser. Wassergrundstücke waren schon immer begehrt, es gab hier sonst keinen öffentlichen Zugang zum See. Unser »Strand« maß gerade mal zwei Meter in der Breite. Wir nutzten jede Gelegenheit zum Baden.

Der Glienicker See war Grenzgewässer, die eine Hälfte gehörte zu Spandau, genauer gesagt Kladow, die andere Hälfte zu Groß Glienicke, also DDR-Bezirk Potsdam. Auf der Ostseite stand die Mauer direkt am Wasser, die Grundstücke drüben hatten sie genau vor der Nase und keinen Seezugang. Die Grenze verlief ungefähr in der Mitte des Gewässers und war durch Bojen gekennzeichnet, die der West-Berliner Senat dort gesetzt hatte. »Vorsicht Zonengrenze« stand darauf. Dahinter patrouillierte gelegentlich ein DDR-Grenzboot. Wir nutzten die Bojen für eine kleine Verschnaufpause, wenn wir rausgeschwommen waren. Kurz ein wenig hängen lassen und dann zurück ans westliche Ufer.

Das klingt idyllisch, aber es waren unruhige Jahre Anfang der Achtziger in der westlichen Halbstadt. Schon damals war es nicht ganz leicht, eine Wohnung zu bekommen, gleichzeitig standen vor allem in Kreuzberg und Schöneberg ganze Mietshäuser leer. Es gab zunehmend Hausbesetzungen, aber auch zunehmend Versuche von Politik und Polizei, besetzte Häuser wieder zu räumen. Das führte zum Teil zu gewalttätigen Auseinandersetzungen zwischen Besetzern und Staatsmacht. Die Polizei schlug mit großer Härte zu, und das im wahrsten Sinne des Wortes. Es kam zu regelrechten Straßenschlachten mit polizeilichen Übergriffen, die heute sofort zu Disziplinarverfahren gegen die betreffenden Polizisten führen würden. Manchmal zog sich das Nachspiel einer Hausbesetzer-Demo bis in die Nachtstunden hin. Ganze Straßenzüge in Schöneberg oder Kreuzberg waren dann in einer Art Ausnahmezustand: Blaulicht, Mannschaftswagen, »Wannen« genannt, Wasserwerfer auf der einen, Steinewerfer auf der anderen Seite. Es roch nach dem Qualm angezündeter Barrikaden und Tränengas. Ich erinnere mich an Nächte, in denen die Situation in Teilen Schönebergs rund um den Winterfeldtplatz oder in der Potsdamer Straße außer Kontrolle geraten zu sein schien. Mich als angehenden Reporter trieb die Neugier immer wieder in diese Nächte voller Unruhe und Aufruhr.

Besonders heftig waren die Auseinandersetzungen, als am 11. Juni 1982 US-Präsident Ronald Reagan nach Berlin kam. Aus Sicherheitsgründen wurde an diesem Tag ganz Kreuzberg praktisch abgesperrt, abgeriegelt, damit keine Demonstranten aus diesem »Nest des antikapitalistischen Widerstands« in Richtung Innenstadt ziehen konnten. Selbst die U-Bahn-Verbindung von und nach Kreuzberg wurde teilweise unterbrochen. Was für noch mehr Proteste sorgte. Ein Zentrum der Krawalle am Tag des Reagan-Besuchs und der Protestdemo war der Nollendorfplatz, für Stunden unkontrollierbar. Ein riesiges

Chaos. Ich besuchte mit meinem Studienkollegen Peter und dessen neuer Freundin aus der Provinz, dem Emsland, den Ort des Geschehens. In Erinnerung wird mir bleiben, dass wir aus einem oberen Stockwerk eimerweise mit Wasser begossen wurden: die Rache damaliger Wut-Bürger.

Unvergessen auch die dramatischen Zwischenfälle auf der Bülow- beziehungsweise Potsdamer Straße am 22. September 1981. In der Bülowstraße hatte die Polizei ein besetztes Haus geräumt, der damalige Innensenator Heinrich Lummer präsentierte sich als »Sieger« dieser Auseinandersetzung auf dem Balkon des Gebäudes, während unten Hunderte von Demonstranten gegen die Räumung protestierten. Es kam zu einem Polizeieinsatz, bei dem die Einsatzkräfte die Demonstranten aus der Bülowstraße in Richtung Potsdamer Straße abdrängten. Dabei geriet der Hausbesetzer Klaus-Jürgen Rattay unter einen BVG-Bus, wurde mehrere Meter mitgeschleift und starb noch am Unfallort. Kurz zuvor hatte er einem SFB-Mitarbeiter in einem Interview geschildert, dass er in der Besetzerszene eine alternative Art zu leben gefunden habe. Wenige Stunden später war er tot. Der Bürgersteig, auf dem er gestorben war, war über Wochen mit Blumen und Kerzen übersät. Später kam eine Gedenktafel hinzu, die aber im Laufe der Zeit wieder aus dem Straßenbild verschwand.

Im Haus des Rundfunks

Durch meine Radioberichte »Aus dem Leben der Jüdischen Gemeinde« hatte ich Kontakt zur Redaktion des SFB-Magazins »Rund um die Berolina«, und irgendwie bekam ich die Chance, auch einen Hörfunk-Beitrag für die »Berolina« zu produzieren, die damals meistgehörte Morgensendung des SFB. Die Redakteure hatten große Namen in der Berliner Radiolandschaft: Hans-Werner Kock und Siegfried Schenk. Mit beiden kam ich von Anfang an gut klar. Zusammen mit Schenk ging es dann raus zu meiner ersten Live-Reportage fürs Radio: Grillen in den Rehbergen, pro und contra. Das Thema Grillen, auch im Tiergarten, sollte noch jahrelang die Medien beschäftigen.

Live-Reportagen wurden damals noch mit einem Jingle angekündigt, eine Fanfare erklang und es hieß: »Ü 1 bitte kommen.« Und schon stieg die Aufregung des jungen Reporters, gleich ging's los, und es galt das gesprochene Wort. Jedes Stocken, jedes Stottern ging »on air«. Ü 1 stand für Übertragungswagen 1. Das Ganze war mit viel technischem Aufwand verbunden; für das, was heute ein Mobiltelefon übernehmen kann, brauchte es noch einen Lkw und ein großes Team. Schenk und Kock waren humorvolle Typen, zwei Männer, die im Radio seriös und wissend wirkten und im Kern auch waren, aber hinter den Kulissen äußerst albern sein konnten. Ich erinnere mich daran, wie sie sich über den Namen Max Marotzke lustig machten, der als Werbeauf-

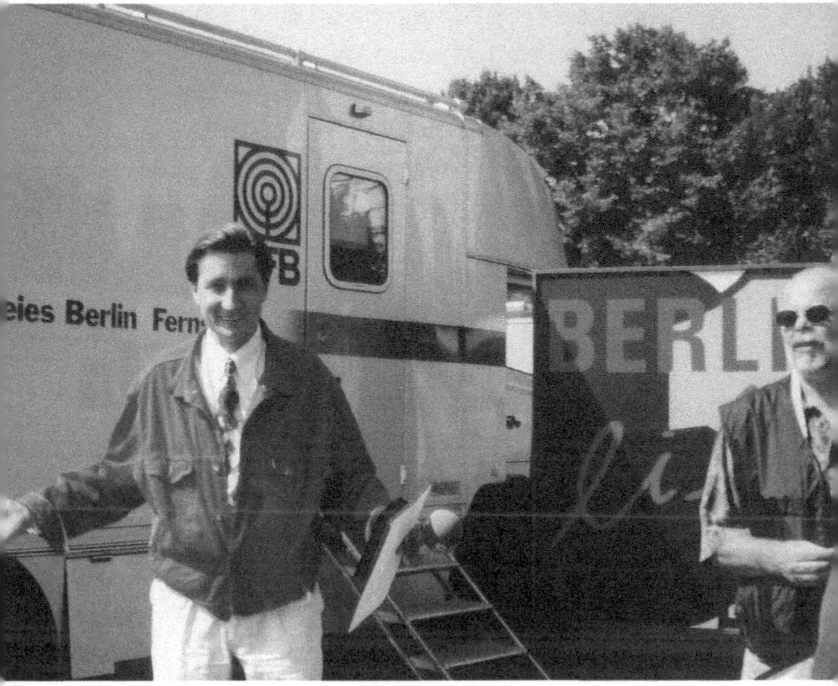

»Ü 1 bitte kommen«: Vor dem Übertragungswagen des SFB

druck einer Speditions-Firma auf den beiden dicken West-Berliner Telefonbüchern prangte. Zwei Bände, von A–K und von L–Z. »Max Marotzke, hahaha. Max Marotzke!«

Das Haus des Rundfunks in der Masurenallee, Sitz des Senders Freies Berlin, beeindruckte mich vom ersten Moment an: nach Entwürfen des Architekten Hans Poelzig in den Zwanzigerjahren entstanden und in Form eines Herzens gebaut. In der »Herzkammer«, der Mitte des Baus, liegen die Sendesäle, umgeben von Büroflügeln, die Schutz vor den Geräuschen der Umgebung bieten sollen, so die Idee.. Ich mag bis heute dieses wunderbare Haus, den schönen Lichthof, die gelben Klinker, die roten Linoleumstufen. Ein Haus, in dem es immer nach frischem Bohnerwachs roch. Und dann natürlich der Paternoster, dieses so selten gewordene Beförderungsmittel, das Besucher und Angestellte bis heute in vier Etagen bringt. Nur am Wochenende versperrt eine rote Kordel den Zutritt. Wer die letzte Ausfahrt vor dem Keller oder dem Dachboden verpasst, muss keine Angst haben, gleich auf dem Kopf zu stehen. Ein erleuchteter Schriftzug beruhigt: »Weiterfahrt ungefährlich, Ruhe bewahren«. Und dann rattert und rumpelt die Kiste weiter nach unten oder weiter nach oben.

Ich war also dort angekommen, wo ich die nächsten vierzig Berufsjahre verbringen sollte: beim SFB, später rbb, eine Art Zuhause seit fast einem halben Jahrhundert.

DER RASENDE REPORTER

Und jetzt: Fernsehen

In meinen Anfangsjahren als Reporter war ich für den Hörfunk unterwegs, fuhr mit einem Kassettenrekorder zu meinen Einsatzorten, machte Interviews und versuchte, auch akustisch die Atmosphäre am Ort einzufangen. Dieses Tonmaterial musste im Schneideraum noch auf sogenannte »Schnürsenkel«, also professionelle Tonbänder, von Cutterinnen (meist Frauen) umgeschnitten und dann auf die entsprechende Länge des Beitrags zusammengefügt werden. Das funktionierte in der Regel sehr gut, und meine Vorgesetzten lobten stets den »bunten Strauß« an O-Tönen.

Zu den bekanntesten Moderatoren des SFB im Fernsehen wie auch im Radio gehörte Hans-Werner Kock, der Mann mit der dicken Hornbrille und dem unverkennbaren Bass, dieser warmen, weichen Stimme, der sich nach jeder Sendung mit dem Gruß »Macht's gut, Nachbarn« verabschiedete. Diesen nachbarschaftlichen Gruß hat übrigens viel später der junge SFB-Reporter Cherno Jobatey bei einem Interview Mick Jagger beigebracht, der ihn brav mit britischem Akzent ins Mikro sprach. Und das wurde oft gesendet.

Kock arbeitete für die Hörfunksendung »Rund um die Berolina«, für die ich erste Beiträge aufnahm. Irgendwann 1985 fragte mich Kock, ob ich nicht Lust hätte, auch mal was fürs Fernsehen zu machen. Er selbst war zu dieser Zeit *die* Persönlichkeit bei der »Berliner Abendschau«. In den Siebziger- und Achtzigerjahren gab es ja nur drei Programme im West-Fernsehen: ARD, ZDF und eben die Dritten, in West-Berlin mit der täglichen Nachrichtensendung »Abendschau« – und die seit 1958. Kock war von Anfang an dabei.

Dieser Hans-Werner Kock ließ mich nun wissen, dass ein neuer Chef die gute alte »Abendschau« umkrempeln wolle und dazu junges Personal suche. Okay, jung war ich, aber was Fernsehen anging völlig ahnungslos. Ich hatte noch nie einen Fernsehbeitrag gemacht, noch nie vor einer Kamera gestanden, und jetzt sollte ich zur »Abendschau«, der wichtigsten Sendung in dieser Stadt? Ein Angebot, das mich völlig überraschte und eigentlich auch überforderte. Ich reagierte verhalten. Doch schon kurze Zeit später bekam ich Post von einem gewissen Gert Ellinghaus, dem Neuen bei der »Abendschau«. Ellinghaus hatte zuvor bei Radio Bremen die Regionalsendung »buten un binnen« (norddeutsch für »draußen und drinnen«) revolutioniert: neues On-Air-Design, neuer Studio-Look, flottere Sprache. Sein Lieblingsspruch: »Die Panne ist das beliebteste Unterhaltungselement im deutschen Fernsehen.« Dieser Ellinghaus schrieb mir, ich möge mich doch bitte mal bei ihm, dem neuen Leiter der »Abendschau«, vorstellen.

Bis dahin kannte ich nur das Haus des Rundfunks in der Masurenallee, den schönen Backsteinbau mit den vielen Tonstudios. Jetzt stellte ich mich im neuen Fernsehzentrum vor, das so neu auch nicht war: fertiggestellt Ende der Sechzigerjahre, mit immerhin stolzen vierzehn Stockwerken. Im dritten Stock hatte die »Abendschau« ihre Büros. Im Sekretariat saß Frau Müller, sie regierte das Vorzimmer. Ellinghaus, ein elegant gekleideter Mann Anfang vierzig, vielleicht auch jünger, empfing mich locker und fragte, was ich denn so vorzuweisen hätte. Ich musste zugeben, wenig in Sachen Fernsehen. Aber das empfand er offensichtlich nicht als ein Hindernis, sondern wollte am Ende des Gesprächs nur wissen, ob ich auch lächeln könne. Ich antwortete mit dem schüchternen Anflug eines Lächelns.

Das schien zu reichen. Ich hatte den Job – als freier Mitarbeiter, der ich all die Jahrzehnte auch bleiben sollte. Und zwei Wochen Zeit, mich auf die neue Aufgabe vorzubereiten. Am 18. März 1985 sollte es auf Sendung gehen. Zuvor konnte ich mich als »Beitrags-Macher« bewähren.

Fernsehen war mir fremd, ich war es gewohnt, Texte zu schreiben und zu sprechen. Jetzt mussten Text und Bild zusammenpassen. Beim Gang durch die langen Flure des Fernsehzentrums mit den vielen Türen und noch mehr Namen daran überkam mich ein mulmiges Gefühl. Fernseh-Menschen, das waren damals noch so etwas wie Halbgötter. Und ich ahnungslos und ängstlich. Ellinghaus hatte mir eröffnet, dass er die bewährte Moderatoren-Mannschaft, das gesamte Moderatoren-Team der »Abendschau« austauschen wolle. Das »Abendschau«-Publikum sei in die Jahre gekommen, neue Zuschauerschichten sollten erschlossen werden. Solche Versuche gab es auch bei allen anderen Sendern – immer wieder. Am Ende aber blieb die »Abendschau« – und das gilt bis heute – eine »Sendung für Erwachsene«, für Menschen mittleren und höheren Alters, die sich für die Ereignisse und die Politik auf lokaler Eben interessieren. *Local first!* Die Jungen schauen woanders.

Und doch, gestandene Größen wie Evelyn Lazar, Hans-Werner Kock, Gerhard Lenz oder Arvid Wahl sollten vom Bildschirm verschwinden und eine junge Mannschaft die »Abendschau« präsentieren. Neben mir kamen drei weitere »Nachwuchsmoderatoren«: Marianne Beland, Jost Bösenberg und Nicole Massion. Schon die Ankündigung in der Presse, die bewährte Moderatorenriege aus dem Programm zu nehmen, sorgte für Proteste in Berlin. Ich erinnere mich an eine ganze Seite voller Leserbriefe in der *Morgenpost*, in denen sich die treuen »Abendschau«-Zuschauer gegen den geplanten Moderatorenwechsel aussprachen. »Wir wollen unsere Evelyn zurück« oder »Hans-Werner muss bleiben«, hieß es da. Mir wurde noch mulmiger; ich bekam Panik.

Doch bevor ich zum ersten Mal im Studio die Sendung zusammen mit meiner Kollegin Nicole Massion, die vom Saarländischen Rundfunk nach Berlin gekommen war, moderieren musste, sollte ich erst einmal mit Beiträgen für die »Abendschau« anfangen. Für den Hörfunk arbeitete ich nur noch sporadisch. Als Reporter mit Mikro und jetzt auch Kamera in der Stadt unterwegs zu sein, lag mir. Ähnlich wie beim Radio gelangen mir auch meine ersten Fernsehbeiträge. In einem machte ich eine Wahl-Nachlese. Eberhard Diepgen war wieder zum Regierenden Bürgermeister gewählt worden. Ich drehte gerade den Abbau der Wahlplakate in der Stadt, als ein großer »Diepgen-Kopf« von einer Plakatwand runter auf den nassen Asphalt knallte, und textete: »Auch Sieger müssen fallen.« Das kam in der »Abendschau«-Redaktion gut an. Nicht so meine späteren Moderationsversuche.

Fehlstart mit Karrieresprung

Was für eine Aufregung, die wichtigste Fernsehsendung der Stadt als ein *no name* zu moderieren, der damals vom Publikum nicht gewünscht, nicht gewollt war. Am 18. März 1985 stand mir mein erster Auftritt vor der Kamera bevor. Ich hatte mir zur Beruhigung von einem Arzt ein Medikament verschreiben lassen und war damit entsprechend mental gebremst. Meine Texte waren okay, meine Präsentation ... langweilig. Und dass, obwohl Hans-Werner Kock mit uns zuvor in einem »Workshop« Fernseh-Machen geübt hatte, draußen an der Havel, abseits des Sendertrubels im »Wirtshaus Schildhorn«. Wir sollten lernen, die Kamera zu lieben. Kock bläute uns ein, zu ihr wie zu einer Vertrauten, einer »lieben Tante«, wie er sagte, zu sprechen. So weit die Theorie. Doch prompt kam es in unserer ersten Sendung zu einer folgenschweren Panne. Nicole Massion und ich sollten uns am Ende der »Abendschau« mit jeweils einem Hund auf dem Schoß verabschieden, da der letzte Beitrag das Tierheim Berlin zum Thema hatte. Doch die Regie ging viel zu früh aus der Reportage raus, und die Kameras zeigten nun uns – unendlich lange, zumindest gefühlt unendlich lange – mit diesen Hunden auf dem Schoß, die wir streichelnd zu beruhigen versuchten, obwohl wir beide selbst hochgradig nervös waren. Ein schreckliches Bild. Am nächsten Tag titelte die *Bild*-Zeitung »Abendschau auf den Hund gekommen?«

Das Ur-Team der neuen »Abendschau« (von links): Nicole Massion, Hans-Werner Kock, Nachwuchsmoderator Ulli Zelle, Gert Ellinghaus, Jürgen Jürgens, Sabine Strobel, Gerhard Lenz und Marianne Beland

Die Sache mit den neuen Moderatorinnen und Moderatoren ging nur wenige Wochen gut. Nicole und ich blieben für einen knappen Monat ein Team. Auch wenn wir langsam an Routine gewannen, die Herzen des Publikums konnten wir nicht gewinnen. Der SFB entschloss sich, uns wieder vom Schirm zu nehmen. Erfahren habe ich das komischerweise in der Sauna. Der damalige Chefredakteur des SFB, Jürgen Engert, rief bei mir zu Hause an, um mir mitzuteilen, dass das mit der Moderation ein Ende haben sollte. Meine Freundin Jutta gab ihm die Nummer der Sauna, in der ich Stammgast war. Ein Rausschmiss zwischen zwei Aufgüssen. Ich hatte diese kalte Dusche kommen sehen. Und war irgendwie sogar erleichtert. Sie kühlte mich quasi ab von der Überhitzung als Moderator runter auf die Betriebstemperatur eines Reporters.

Allerdings war im Haus aufgefallen, dass meine Fernsehbeiträge nicht so schlecht waren wie meine Moderation. Der SFB wollte mich als Reporter behalten. Und so gehörte ich fortan zum festen Team der »Abendschau«, der ich die nächsten vier Jahrzehnte treu bleiben sollte. Der Fehlstart als beruflicher Glücksfall.

Reporter für West-Berlin

In meinen ersten Jahren beim Fernsehen produzierte ich viele Beiträge zu Theaterpremieren oder Rockkonzerten. Und, weil die Mauer ja noch stand, über Fluchten von Ost nach West. Trotz der hermetisch geschlossenen Grenze versuchten immer wieder Menschen, vom Ostteil der Stadt in den Westen zu kommen. Natürlich konnten wir nicht die Fluchtaktion zeigen; viel zu sehen gab es bei solchen Beiträgen also naturgemäß nicht. Wir drehten an dem entsprechenden Grenzabschnitt, filmten die »Vopos«, befragten, wenn es sie gab, Augenzeugen. Vopo stand als Abkürzung für »Volkspolizisten«, so wurden die Grenzer im Westen genannten, vor allem in der Springer-Presse, denn Grenzsoldaten, überhaupt eine deutsche Armee hätte es nach alliiertem Status in Berlin eigentlich nicht geben dürfen, auch nicht in Ost-Berlin. Eigentlich. Bei unseren Grenz-Einsätzen wurden wir von der östlichen Seite ausgiebig fotografiert. Schade, dass ich die vielen Bilder, die bei diesen Gelegenheiten gemacht wurden, nie gesehen habe. Übrigens auch später nicht in den Archiven der Staatssicherheit.

Eine der spektakulärsten Fluchtgeschichten, über die wir berichteten, spielte sich am 22. August 1988 direkt hinter dem Reichstagsgebäude an der Spree ab. Vier jungen Menschen war es gelungen, durch die Absperrungen auf der östlichen Seite zu gelangen und in die Spree zu springen, die an dieser Stelle aber in ganzer Breite zu Ost-Berlin gehörte. Die jungen Leute durchschwammen den Fluss, drei von ihnen gelangten ans westliche Ufer. Nur eine Frau, im fünften Monat schwanger, war nicht schnell genug. Ein Motorboot der Grenztruppen versuchte sie vom Westufer abzudrängen, dort wo heute das Paul-Löbe-Haus und die Bundestags-Kita stehen. Augenzeugen auf der Westseite schrien und beschimpften die Grenzsoldaten an Bord. Aus welchem Grund auch immer, das Boot drehte bei. Die Frau wurde mit Hilfe von West-Berliner Passanten aus dem Wasser gezogen und konnte gerettet werden. Die Flüchtlinge hatten es geschafft.

Meine Kollegin Nicole Massion, wie ich weiterhin als Reporterin für den SFB tätig, konnte die junge Schwangere interviewen. Für die Frau war es bereits der dritte Versuch einer sogenannten »Republikflucht«; für die beiden misslungenen hatte sie eine mehrjährige Haftstrafe in der DDR verbüßen müssen. Sie stammte aus Karl-Marx-Stadt (heute Chemnitz) und brachte vier Monate später ein gesundes Kind zur Welt.

Unvergessen für mich auch der Fluchtversuch eines 28-jährigen Mannes einen Monat zuvor am Checkpoint Charlie, dem innerstädtischen Grenzübergang für Ausländer. Auch diesem Mann war es irgendwie gelungen, durch die Absperrungen bis auf das Abfertigungsareal des Grenzübergangs zu kommen. Von dort aus rannte er in Richtung Westen. Doch mehrere »Grenzer« kreisten ihn ein, drückten ihn zu Boden, traten ihn mit Stiefeln und transportierten ihn schließlich ab. Der Mann schrie. Die Szene war von Westkameras beobachtet worden. Zufällig. Die Bilder gingen um die Welt. Wir brachten sie in der »Abendschau«. Damals konnte ich mir nicht vorstellen, dass ich nur eineinhalb Jahre später das wohl einschneidendste und spektakulärste Ereignis in meiner Reporter-Laufbahn erleben durfte: den Fall der Berliner Mauer.

Noch war die Stadt geteilt und feierte 1987 ihren 750. Geburtstag – in Ost und West. Im Osten mit riesigen Umzügen durch Berlin-Mitte, im Westen mit einer beeindruckenden Bühnenshow rund um die Siegessäule am Großen Stern unter dem Motto »Hoppla, wir leben«, eine Zwanzigerjahre-Revue mit Stars wie Harald Juhnke oder Milva. 25.000 Zuschauer und Zuschauerinnen verfolgten die Show auf extra aufgebauten Tribünen. Ein Riesenspektakel und großer Erfolg.

Goldene Zeiten

Neben der Berlin-Berichterstattung drehte ich für Gert Ellinghaus, der sich als »Abendschau«-Chef auch in der Unterhaltung versuchte, einen Film über die Preisträger der Goldenen Kamera 1987. Der sollte zur besten Sendezeit um 20 Uhr 15 in der ARD laufen. Der SFB hatte damals noch Geld – ich konnte alle Preisträger im Vorfeld der Verleihung besuchen und interviewen. Das bedeutete zum Beispiel nach Paris zu fliegen, um dort Hanna Schygulla, nominiert als beste Schauspielerin, in ihrer Dachgeschosswohnung zu besuchen. Sie stieg mit uns über eine Leiter durch die Dachluke aufs Haus. Welch unbeschreiblich romantischer Blick über den Schornsteinen von Paris! Abends zogen wir mit ihr durch die Bars der französischen Hauptstadt. Hanna Schygulla ging gern in Clubs, in denen Musiker aus den früheren französischen Kolonien spielten. Black Music. Soul. Die Begegnung war einfach toll. Toll war auch, den Regisseur und Schriftsteller Axel Corti zu treffen, dessen Film mit dem schönen Titel »Eine blassblaue Frauenschrift« mit der Goldenen Kamera ausgezeichnet werden sollte. Paris erlebten wir übrigens im Schnee. Die französische Hauptstadt war, wie nur selten zuvor, ganz in Weiß gehüllt, und die Autos rutschten auf Sommerreifen durch die Seine-Metropole.

Wir flogen weiter nach München zur Tochter von Maria Schell, Marie Theres Relin, ausgezeichnet als bester Nachwuchsstar, damals Gattin des Schriftstellers und Drehbuch-Autors Franz-Xaver Kroetz,

Der »rasende Reporter« mit »Show-Assistentin« Roswitha Schreiner, später Star in der Serie »Liebling Kreuzberg«

bekannt als Klatsch-Reporter »Baby Schimmerlos« in der TV-Serie »Kir Royal«. Ohne ihn besuchten wir die Mutter von Relin, Maria Schell, auf ihrem Landsitz, die sich rührend um die »Wuckel« (oberbayerisch für Locken) ihrer Tochter kümmerte.

In München konnte ich 1987 auch eine »Homestory« über Günther Jauch machen, als Moderator seiner Talk-Show »Na siehste!« noch ein Neuling im Geschäft. Wir kurvten mit seinem Lancia Y, einem wirklich kleinen Kleinwagen, durch München und drehten in seiner Dreizimmerwohnung, in der er mit Frau und Kind lebte. Es sollte, soweit ich weiß, die erste und einzige Jauch-Homestory sein. Was nicht an meiner Arbeit lag ... Jauch wollte so etwas einfach nicht mehr. Bis heute lässt er Reporter nicht in seine Villa am Heiligen See in Potsdam.

Unvergessen auch der Abstecher in die Schweiz zu Ruth-Maria Kubitschek, damals Star in den Fernsehserien »Kir Royal« und »Monaco Franze«. Die Schauspielerin lebte zurückgezogen in einem Haus mit Bodensee-Blick und befasste sich hauptsächlich mit Malerei. 2013 nahm sie die Schweizer Staatsbürgerschaft an, ihre letzten Jahre verlebte sie in Italien. Sie starb 2024 im Alter von 92 Jahren.

Und schließlich die Fahrt nach Hamburg zu den großartigen Schauspielerinnen Hannelore Hoger und Barbara Auer, ebenfalls ausgezeichnet für ihre Rollen in Serien. Sie alle habe ich als beeindruckende, interessante Persönlichkeiten in Erinnerung. In Hamburg begegnete ich bei dieser Gelegenheit noch einem Mann, der dem breiten Publikum unbekannt ist: Frank Banuscher, einst Chef-Kameramann bei der Aufzeichnung einer Sendung, die seit vielen Jahren Kult ist: »Dinner for One«. Die Geschichte von Miss Sophies 90. Geburtstag und ihrem Butler, die nämlich nicht in England, sondern in Hamburg gedreht wurde.

All die Stars, die ich interviewte, sah ich dann bei der Verleihung der Goldenen Kamera im Axel-Springer-Haus an der Kochstraße »live« wieder. Eindrücke, die bleiben.

Brücken über den Atlantik

Ab Mitte der 1980er Jahre engagierte ich mich ehrenamtlich für den Verein »Friendship Force – Brücke der Freundschaft«. Vom Senat anfangs finanziell unterstützt, organisierte der Verein Austauschprogramme mit Städten in den USA. Das hieß, rund 200 Berlinerinnen und Berliner reisten für zehn Tage in eine amerikanische Stadt, die sich an diesem Programm beteiligte. Keine touristischen Hotspots, sondern Städte wie Dubuque in Iowa, Cheyenne in Wyoming oder El Paso Texas, aber auch Atlanta, Minneapolis oder Los Angeles. Und aus diesen Städten wiederum kamen amerikanische Gäste nach Berlin, um hier für eine Zeit in Berliner Familien zu leben. Meine *Job-Description*: »Flight-Director«, das hieß, ich begleitete die Berliner Gruppen auf dem Flug in die USA und in den Ort, wo sie in amerikanischen Familien für die Zeit des Aufenthalts zu Gast waren, also den *American way of life* aus erster Hand kennenlernten. Alle hatten die Kontaktdaten ihres »Flugbegleiters« und konnten mich jederzeit anrufen, wenn sie Rat oder Hilfe brauchten. Viele sprachen kaum Englisch, und so musste ich oft ihren »Gasteltern« erklären, was die deutschen Gäste gern essen oder erleben wollten. Aber irgendwie kamen die meisten mit Händen, Füßen und Wörterbuch auch ohne mich ganz gut zurecht.

Als offizieller »Botschafter Berlins« gehörte es außerdem zu meinen Aufgaben, auf *Welcome-* oder *Farewell-Partys* Reden zu halten, die deutsch-ameri-

Als »Flight-Director« für die »Friendship-Force – Brücke der Freundschaft« in den USA

kanische Freundschaft zu beschwören, Betriebe oder Charity-Clubs zu besuchen und KPM-Porzellanbären aus Berlin an Bürgermeister und Senatoren zu übergeben. Das alles half mir sehr, mein Schulenglisch aufzubessern, was auch dringend nötig war. Zum Beispiel bei unvorhergesehen Problemen. So brach ein Berliner Teilnehmer auf einer Veranstaltung plötzlich zusammen. Diagnose: Gehirnblutung. Auf der »ICU – Insentiv Care Unit« erweiterte sich mein Vokabular um medizinische Begriffe, die ich in der Kommunikation mit Ärzten, Angehörigen und offiziellen Stellen benötigte. Der Job bei der »Friendship Force« war unbezahlt, Flug und Unterkunft frei. Zehnmal bin ich so in die Vereinigten Staaten gereist, habe in amerikanischen Familien gelebt und dabei viel über dieses Land und seine Menschen gelernt.

Die »Brücke der Freundschaft« verstand sich als eine Art emotionale Fortsetzung der Luftbrücke während der Berlin-Blockade. Sie existiert bis heute, wenn auch in geringerem Umfang. Und es gab auch »Brücken«, die nach Nahost geschlagen wurden. Eine Reise führte uns nach Israel, durch das ganze Land, von den Golanhöhen über Jerusalem an das Tote Meer bis nach Elat. Bleibend die Eindrücke, wie wehrhaft und auf seine Verteidigung vorbereitet das Land schon damals war. Der Kibbuz, den wir besuchten, hatte wie alle anderen auch einen Bunker. Oft sahen wir den Hinweis »Shelter« an Brücken, die auf Landstraßen einen vermeintlichen Schutz vor Angriffen aus der Luft bieten sollten. In meiner »Gastfamilie«, deutschstämmigen Juden, war es jahrzehntelange Gewohnheit, stündlich Nachrichten zu hören. Die Menschen hatten zu viele Angriffe erleben müssen und wollten immer über die aktuelle Lage informiert sein, vorbereitet. Und doch sollte sie der Angriff der Hamas am 7. Oktober 2024 völlig überraschen.

Hatte ich in den USA hauptsächlich KPM-Porzellan verschenkt, so pflanzte ich in der Stadt Aschdod einen kleinen »Friedensbaum«. Natürlich stand der Besuch von Yad Vashem, dem Holocaust-Museum, auf unserem Programm. Eindrücke, die sich für immer einbrennen. Ich persönlich hätte mir ein solches Museum auch für Berlin gewünscht.

Sender Freies Berlin

West-Berlin genoss in Zeiten der Teilung der Stadt viele Privilegien und Subventionen – die Berlinzulage für Arbeitnehmer oder Reisekostenerstattung für Heimreisen ins Bundesgebiet für Neu-Berliner und einiges mehr. Unternehmen wurden Steuervorteile und Zulagen gewährt. Auch der Sender Freies Berlin war im Vergleich zu heute finanziell äußerst komfortabel ausgestattet. In den Studios und im Großen Sendesaal traten in den Achtzigern internationale Stars wie Shirley Bassey, Cliff Richard, Sammy Davis Jr. oder die Supremes in glänzenden TV-Galas auf.

Als Reporter konnte ich von der Stärke des SFB profitieren und gelegentlich im Ausland drehen. Selbst in den USA. Für die Reihe »Berliner in New York« beispielsweise besuchte ich dort eine Erbin des Verlagsgründers Ullstein, die Nazi-Deutschland verlassen hatte, oder den Maler Rainer Fetting, der für einige Jahre in einem New Yorker Loft arbeitete.

Aufregend auch die Drehreise nach Australien zu einer Familienzusammenführung der besonderen Art. Eine Berlinerin begegnete dort ihrer seit dem Krieg vermissten Mutter. Tochter und Mutter waren in den Wirren der letzten Kriegstage getrennt worden, die Tochter kam in ein Kinderheim und war, trotz aller Recherchen, für die Mutter unauffindbar. Erst vierzig Jahre später führte ein Zufall die Tochter auf die Spur ihrer Mutter, die mittlerweile in Australien lebte. Wir stellten über den Sender den Kontakt her und flogen mit der Tochter zur Familienzusammenführung nach Perth im Süden des Kontinents. Was für eine Geschichte! Allerdings war nach der großen Freude über das Wiedersehen spürbar, dass die Jahrzehnte beide voneinander entfremdet hatten. Das Mutter-Tochter-Verhältnis bröckelte noch während unseres Aufenthalts.

Solche Dreharbeiten verschafften mir die Möglichkeit, mal raus aus der Mauerstadt zu kommen. Aber auch die Halbstadt bot weiter viele überraschende Begegnungen. In Berlin gaben sich seit jeher bekannte Künstler die Klinke in die Hand, und das war auch in den Siebziger- und Achtzigerjahren im Westteil der Stadt so. Gern erinnere ich mich noch an einen Dreh mit den »Four Tops«, der legendären Motown-Formation. Die schwarzen Soul-Kings sangen in einer Bar in der Schlüterstraße für unser Kamerateam ihren Hit »Reach out I'll be there« – playback, versteht sich. Aber für mich als Soul-Fan ein besonderes Erlebnis, die vier aus der »Motor-City« Detroit zu interviewen.

West-Berlin war für viele ein Muss auf ihrem Tournee-Plan. So fanden immer wieder spektakuläre Open-Air-Konzerte statt, manche auf dem Platz der Republik vor dem Reichstagsgebäude. Zum Beispiel mit Barclay James Harvest, Michael Jackson und auch David Bowie. Bowie hatte vor seinem Konzert 1987 auf der »Glass Spider Tour« vor dem Reichstag privat und »undercover« Ost-Berlin besucht; ich konnte ihn vor seinem Auftritt dazu befragen. Bowie äußerte sein Unverständnis darüber, dass seine Fans nicht von Ost- nach West-Berlin kommen konnten, lagen doch nur wenige Meter zwischen der Bühne und der Grenze zu Ost-Berlin. Für einen Briten wahrscheinlich schwer nachzuvollziehen. Die Bowie-Fans aus der DDR standen während des Konzerts auf der östlichen Seite des Brandenburger Tores, um zumindest akustische Fetzen des einen oder anderen Songs ihres Idols mitzubekommen. Solche »Zusammenrottungen«, wie es im DDR-Behördendeutsch hieß, waren der Staatsmacht ein Dorn im Auge, und so löste die Volkspolizei die Fan-Gruppen am Pariser Platz und Unter den Linden schnell auf.

Und sie bewegt sich doch …

Die Repressalien in der DDR wurden vielen Menschen dort mehr und mehr zur Last. Und immer mehr versuchten, in den Westen zu gelangen. Die Flucht über den »antifaschistischen Schutzwall« mit Todesstreifen, Wachtürmen und einer vier Meter hohen Mauer war schlichtweg lebensgefährlich. So begannen vermehrt DDR-Bürger über Drittländer zu fliehen, über die Tschechoslowakei oder Ungarn. Schon 1988, ein Jahr vor dem Mauerfall, häuften sich diese Fluchten auf Umwegen in den Westen. Über den Luftweg kamen so Ost-Berliner nach West-Berlin, mit dem Flugzeug von einem Teil Berlins in den anderen. Und standen dann zum Beispiel an der Brunnenstraße im Wedding auf einer Aussichtsplattform an der Mauer und schauten hinüber nach Mitte – in den Teil der Stadt, in dem sie noch vor wenigen Tagen gelebt hatten. Ganz nah und doch unerreichbar. Die Bereitschaft der West-Berliner Gesellschaft, diese Geflohenen aufzunehmen, ihnen zu helfen, sie zu integrieren, war groß. Turnhallen, Kirchen oder Traglufthallen dienten in dieser Zeit als Erstunterkunft.

Aus Ost-Berlin erreichten den Westen Signale der Veränderung. Der Gorbatschow-Besuch in der Hauptstadt der DDR am 6. Oktober 1989 machte deutlich, dass die alte SED-Riege um Erich Honecker nicht mehr die Rückendeckung Moskaus hatte. »Wer zu spät kommt, den bestraft das Leben«, sagte Gorbatschow, umringt von Presse und Sicherheitskräften während eines Rundgangs Unter den Linden, und die Adressaten dieses Satzes saßen im Zentralkomitee der Sozialistischen Einheitspartei Deutschlands.

Erich Honecker musste gehen. Am 17. Oktober 1989 setzte das ZK der SED seinen Rücktritt auf die Tagesordnung, offiziell aus gesundheitlichen Gründen. Die alten Herren der Führungsriege sollen noch heftig gestritten haben, aber das wissen wir nur aus Gedächtnisprotokollen der Folgejahre. Wir Reporter der regionalen West-»Abendschau« waren in der DDR nicht zugelassen und konnten nicht vor Ort von drüben berichten, sondern nur Zeitungsberichte oder Radionachrichten oder Beiträge in der »Aktuellen Kamera«, der Nachrichtensendung des Ost-Fernsehens, interpretieren. Besonders die »Aktuelle Kamera« hatte plötzlich einen hohen Stellenwert für uns, hofften wir doch, zwischen den Zeilen mehr zu erfahren. Am 24. Oktober 1989 wurde Egon Krenz als Nachfolger Honeckers präsentiert und tags darauf vom ZK zum neuen Generalsekretär gewählt. Die »Aktuelle Kamera« durfte das erste Interview nach der Wahl mit ihm führen. »Herzlichen Glückwunsch auch im Namen des Massenmediums Fernsehen«, hieß es da von der Reporterin. Doch die Masse wollte keinen Krenz. Auf den Straßen Ost-Berlins demonstrierten 12.000 Menschen gegen diese Wahl. Seine Amtszeit währte 44 Tage.

Eine aufregende Zeit, die bevorstehenden Veränderungen waren spürbar. Auch für uns im Westen, über die Mauer hinweg. Und doch konnten die wenigsten ahnen, dass diese Mauer bald fallen sollte, die DDR als Staat untergehen würde. Ich musste mich in diesen Tagen immer wieder an ein Gespräch mit Bekannten aus Ost-Berlin erinnern, die meinten, der »Zug DDR« stehe schon lange, es würden nur noch die Bäume am Abteilfenster vorbeigetragen, damit die alten Männer im ZK glaubten, es gehe noch voran.

Wir im SFB hatten als West-Redaktion die Vorgänge im Osten aufmerksam im Blick, besonders die Ereignisse in den Botschaften der Bundesrepublik in Prag oder Budapest. Berichten konnte ich von dort nicht, es waren dafür nur wenige akkreditierte Kollegen zugelassen. Und doch spürten wir alle, es geriet etwas in Bewegung.

Die Mauer fällt

Schon Tage vor dem 9. November 1989 gab es jeden Abend eine Pressekonferenz im Ost-Berliner internationalen Pressezentrum der DDR-Regierung in der Mohrenstraße. Die dramatischen gesellschaftlichen Erschütterungen und die damit verbundenen Signale eines Umbruchs hatten zu diesem täglichen »Update« geführt. Schon ungewöhnlich für DDR-Verhältnisse. Der Saal war jeden Tag bis auf den letzten Platz gefüllt, die Spannung auf der einen beziehungsweise die Anspannung auf der anderen, der Regierungsseite, spürbar. Kameras des DDR-Fernsehens sendeten live! Das bedeutete, dass auch wir in der Masurenallee live miterleben konnten, was auf diesen Konferenzen zur aktuellen Lage in der DDR gesagt wurde.

Zu meinen Aufgaben in der »Abendschau« gehörte in diesen Tagen, die Konferenzen in unserem »Schaltraum« vor den Monitoren zu verfolgen und interessante Passagen mitzuschneiden. So auch am 9. November ab 18 Uhr. Zunächst verlief die Pressekonferenz eher ohne nennenswerte Aussagen unter der Leitung von SED-Funktionär Günter Schabowski, seit dem 6. November Sekretär für Informationswesen und Mitglied des ZK der SED. Bis dann kurz vor Schluss der italienische Journalist Riccardo Ehrmann eine Frage zum neuen Reisegesetz stellte. Ab wann denn nun mit den gerade verlesenen Reiseerleichterungen für DDR-Bürger zu rechnen sei? Schabowski blickte auf seinen Zettel, dann fielen die

Sätze, die Geschichte machen sollten: »Privatreisen nach dem Ausland können ohne Vorliegen von Voraussetzungen, Reiseanlässen und Verwandtschaftsverhältnissen beantragt werden, die Genehmigungen werden kurzfristig erteilt.« Und auf Nachfrage auch anderer Journalisten fügte er hinzu: »Das tritt ... nach meiner Kenntnis ist das sofort, unverzüglich.« Und auf die Frage, ob die Regelung auch für Berlin-West gelte, erwiderte Schabowski, doch, an allen Übergangsstellen zur BRD und Berlin-West.

Sofort und unverzüglich schnitt ich diese Sätze für unsere Sendung zusammen. Ich weiß noch, dass ich mich ärgerte, weil ich kein sogenanntes »Schnittbild« hatte, um sie elegant miteinander zu verbinden. Aber das war diesem Moment völlig unwichtig. Wir alle wussten oder ahnten zumindest, dass etwas ausgesprochen worden war, was unseren Alltag verändern würde. Der Regierende Bürgermeister Walter Momper kam spontan ins »Abendschau«-Studio und sprach vor unseren Kameras den mutigen wie vorausschauenden Satz: »Die Mauer wird uns nicht mehr trennen.« Wusste er damals mehr als alle anderen, gab es Absprachen zwischen Ost und West auf höherer Ebene? Es blieb unklar.

Der damalige SFB-Fernsehdirektor Horst Schättle kam nach der »Abendschau« sofort in die Redaktion und forderte uns auf, bis in die Nacht hinein die weiteren Ereignisse zu verfolgen. Mein Job war es, mit einem Kamerateam die Grenzübergänge in der Stadt abzufahren, um zu beobachten, ob eventuell schon Menschen aus der DDR in den Westen kämen. Zuerst fuhr ich mit meinem Team zur Oberbaumbrücke – nichts. Grenzübergang Heinrich-Heine-Straße, nichts. Checkpoint Charlie, nichts. Weiter zum Brandenburger Tor. Dort hatten sich internationale Fernsehsender positioniert, so der amerikanische Sender CBS, der seit Tagen permanent aus Berlin berichtete. Auch ich stellte mich mit meinem Team vor die Kulisse des Brandenburger Tores und machte einen sogenannten »Aufsager«, wie es heißt, beschrieb die Situation, betonte, dass es noch ruhig sei, aber doch eine spürbare Spannung in der Luft läge. Und ich äußerte die Vermutung, dass ein historisches Ereignis bevorstehen könnte. Wir formulierten noch im Konjunktiv. Denn Schabowski hatte gesagt, Ausreiseanträge könnten bei den Dienststellen der Volkspolizei oder auf den Kreisämtern beantragt werden. Aber konnte das so schnell, binnen weniger Stunden passieren? Ich ahnte nicht, dass der Wunsch der Menschen in Ost-Berlin, die Mauer zu überwinden, so groß war, dass noch am gleichen Abend eine Welle losbrechen würde. Auch ohne Antrag bei Ämtern oder Volkspolizei.

Vom Brandenburger Tor fuhr unser Team rasch zurück in den Sender, um den ersten Beitrag für N3, das dritte Programm des NDR, fertigzustellen. Jetzt wollten alle Sender aktuelle Bilder aus Berlin. Wir belieferten auch die anderen öffentlich-rechtlichen Programme, hauptsächlich die »Dritten«.

Nachdem wir bereits die Übergänge Oberbaumbrücke, Heinrich-Heine-Straße und den Checkpoint Charlie »gecheckt« hatten, fuhr ich anschließend allein – das Team hatte Feierabend – weiter zur Bösebrücke an der Bornholmer Straße. Auf der Grenze zwischen Wedding und Mitte, damals zwischen zwei Welten, zwei Systemen, lag einer der größeren Übergänge für Westdeutsche und West-Berliner. An einem anderem, dem Übergang Invalidenstraße, stand mein Kollege Robin Lautenbach »live« und wartete auf erste »Grenzgänger« – die er später in den »Tagesthemen« präsentieren konnte.

Schon auf dem Weg zur Grenze, auf der Osloer Straße, fiel auf, dass für diese Stunde unglaublich viele Fahrzeuge unterwegs waren. An der Bornholmer Straße dann das Unfassbare: die Brücke voller Menschen, offensichtlich rübergekommen von der anderen Seite. Einfach so. Wahnsinn! Und ich hatte in diesem Moment kein Kamerateam dabei!

Die Nacht auf der Bösebrücke

Damals stand ein Zollhäuschen auf dem Mittelstreifen der Osloer Straße, auf West-Berliner Seite. Ich bat die Beamten dort, telefonieren zu dürfen, um meinen Sender zu informieren, dass ich sofort! ganz, ganz dringend!! ein Kamerateam bräuchte!!! Es gab ja noch kein Handy. Doch während ich mit den Beamten sprach, hörte ich hinter mir die vertraute Stimme meines Chefs Peter Laubenthal, damals Redaktionsleiter der »Abendschau«, der beruhigend meinte, der Kollege Hermann Dernbecher drehe bereits auf der Brücke. Auch das war unfassbar! Die Grenzlinie verlief mitten, quer über die Straße, eine weiße Linie auf den Asphalt gepinselt. Diese Linie zu überqueren war für uns als West-Reporter immer ein No-Go gewesen.

Jetzt war dieser Strich irgendwo begraben unter Tausenden von Füßen, unter einer jubelnden Menschenmenge. Und keinen kümmerte es. Ich also mit Dernbecher hinein in die Menge, Umfragen machen: »Woher kommen Sie? Was wollen Sie jetzt im Westen tun? Wie ist die Stimmung, das Gefühl?« Ich begegnete Menschen, die ich in den nächsten Jahren immer wieder am 9. November treffen sollte, einfach weil uns dieses Ereignis verbunden hatte und wir weiter in Kontakt blieben. Familie Fischer aus Blankenfelde mit Tränen in den Augen und dem Satz auf den Lippen: »Wir wollen doch nur, dass es so wird, wie es sich gehört, dass alles zusammenkommt, eins wird.« Da waren Frau Gansefort und Frau Behm.

Letztere hatte es so eilig, an die Grenze zu kommen, dass sie sich nicht einmal angezogen hatte, nur schnell einen Mantel über das Nachthemd geworfen und los. Jetzt juchzte sie vor Glück, schlug die Hände über dem Kopf zusammen und jubelte: »Was für ein wunderschöner Tag!« Frau Gansefort hatte ihren Ehemann zu Hause gelassen, weil der keine Lust hatte, noch mal rauszugehen. Sie wollte an ihrem Geburtstag, dem 9. November, dabei sein, wenn etwas ganz und gar Außergewöhnliches passierte.

Es war mittlerweile nach Mitternacht, und es kamen immer mehr Menschen, jetzt auch mit Autos, über den Grenzübergang. Eine Frau berichtete, die Schlange der Trabis und Wartburgs reiche nun schon bis nach »Weißensee Spitze«. Ich hatte keine Ahnung, wo »Weißensee Spitze« liegt, als Westler war ich nicht besonders vertraut mit der Städtegeografie des Ostens. Familie Müller war mit dem Auto rübergekommen. Auf die Frage, ob sie denn wieder zurück in den Osten fahren würden, entgegnete Herr Müller, man wolle nur mal kurz mal die Verwandtschaft in Spandau »aus'm Bette klingeln« und dann wieder nach Hause.

Ich drehte mit dem Kollegen Dernbecher bestimmt gute zwei Stunden, sprach mit vielen Leuten, er machte Bilder, die Geschichte schrieben. Der Kontakt zu einigen meiner Gesprächspartner dieser Nacht von der Bornholmer Brücke hielt über Jahrzehnte. Wir tauschten Telefonnummern aus. Wollten in Verbindung bleiben. Regelmäßig trafen wir uns zu den Jahrestagen am 9. November an der Stelle des verschwundenen Grenzübergangs. Auch den Mann, der die Grenze hier öffnete, traf ich später zu einem Interview: Harald Jäger, damals Kommandant der GÜST, DDR-Kürzel für Grenzübergangsstelle. In der Nacht der Nächte am 9. November war er mir nicht begegnet.

Sehen, was ist

VON SASCHA HINGST

Ich kenne Ulli Zelle seit 35 Jahren. Damals in meinem Kinderzimmer ...

... stand ein kleiner Fernseher. Es war, glaube ich, bereits der 10. November 1989, als ich im »Westfernsehen«, wie wir sagten, erfahren habe, dass die Mauer offen war. Da stand ein junger West-Berliner Reporter, dem sein Glücksgefühl deutlich anzumerken war. Einer, der auf die Menschen vor Ort zuging und mit ihnen nicht abgehoben und distanziert redete – was damals im Fernsehen ja noch der normale Ton war –, sondern der so sprach wie die Menschen selbst. Einer wie du und ich, ein Berliner eben – der Ulli von nebenan. So wie Hans-Werner Kock am Ende seiner »Abendschau« immer sagte: »Macht's jut, Nachbarn«, so war Ulli Zelle gewissermaßen jener reportergewordene Nachbar. Dem du einfach glauben musst, weil du ihn kennst und er dich kennt.

Vorspulen: 18 Jahre später. Im September 2007 komme ich zum ersten Mal in die »Abendschau«-Redaktion. Natürlich bin ich aufgeregt. Natürlich ist da sicher auch eine gewisse Skepsis mir gegenüber. Junger Typ, hat die letzten fünfzehn Jahre in Westdeutschland gelebt, was weiß der denn von Berlin? Passt der zu uns? Nach der ersten oder zweiten Sendung laufe ich Ulli über den Weg. Und der ist genau so, wie er im Fernsehen ist: unprätentiös, bodenständig, fröhlich und freundlich. Und sagt, so wie ich da moderiere, würde ich gut zur »Abendschau« und zu Berlin passen. Das hat mir gutgetan damals, das kam schließlich vom Mister Abendschau.

Ulli liebt Berlin, mit all seinen Macken und Kanten. Ulli liebt seine Berliner. Er freut sich mit ihnen, er leidet mit ihnen. Wenn er von einem Dreh zurückkommt, bringt er Gefühle mit. Und die lassen ihn oft nicht los. Man merkt dann an seiner Stimmung, ob es auf dem Dreh um ein trauriges, ärgerliches oder frohes Thema ging. Es ist dieser schmale Grat, auf dem wenige Reporter perfekt wandeln: sich in die Menschen hineinzuversetzen, ohne sich mit ihnen gemein zu machen. Sie ernst zu nehmen, ohne die journalistische Distanz zu verlieren. Ulli Zelle beherrscht das. Und ich glaube, er beherrscht es nicht allein, weil es ein Handwerk ist, mit dem er sich auskennt. Sondern weil er sich ehrlich interessiert für diese Stadt und ihre Menschen, weil er neugierig ist, immer wieder, jeden Tag.

Und deswegen bringt er auch immer etwas mit. Ulli Zelle kommt nie mit leeren Händen von einem Dreh. Den Satz, da war nix los, das Thema müssen wir beerdigen, den hört man von ihm nicht. Auch das ist eine Gabe: nicht nur auf das zu achten, was man erwartet hat. Sondern zu sehen, was ist. Die kleinen Geschichten hinter der Geschichte zu entdecken.

Ach ja, und das alles, während er auch noch mit seiner Band auftritt und was nicht noch alles ganz lässig nebenher erledigt.

Was für ein Kerl!

Mit Sascha Hingst (rechts) und Cathrin Boehme für den SFB »vor Ort«

»Wahnsinn!«

Die BVG hatte schon wenige Stunden nach dem doch eigentlich unvorhersehbaren Fall der Mauer Bus-Sonderlinien eingerichtet, vom Grenzübergang an der Bornholmer Straße direkt zum Kurfürstendamm, denn der war damals das Sehnsuchtsziel vieler Ost-Berliner. Auch ich fuhr mit dem Kameramann zum Kurfürstendamm, zum Bahnhof Zoo. Dort rollten schon vollgestopfte S-Bahn-Züge mit neugierig-entzückten Ost-Berlinern ein. Auf dem Kurfürstendamm eine unüberschaubare Menschenmenge, besonders zwischen Kranzler-Eck und Gedächtniskirche. Durch die Menge bahnten sich einige Trabis und Wartburgs ihren Weg, umringt und bejubelt von West-Berlinern. Als ein BVG-Bus mit der Werbung für »Wodka Gorbatschow« vorbeifuhr, gab es Applaus. Die *BZ* hatte bereits eine Nacht-Sonderausgabe gedruckt: »Berlin ist wieder Berlin«. Plötzlich tauchte Klaus-Rüdiger Landowsky vor uns auf, der damalige CDU-Fraktionsvorsitzende im Abgeordnetenhaus, und sprach mir seine Freude und Fassungslosigkeit ins Mikrofon. Überall Bilder der grenzenlosen Begeisterung.

Und Bilder, die noch wenige Stunden zuvor undenkbar waren. Auch an anderen Orten. Der Regierende Bürgermeister von West-Berlin, Walter Momper, stand mitten im Abfertigungsbereich des Grenzübergangs Invalidenstraße – dort, wo heute das Bundesministerium für Wirtschaft ist – auf einem Tisch, redete über Megafon zu den Menschen, die massenweise Richtung Westen strömten, forderte sie auf, Ruhe zu bewahren, um jegliche Gewalt zu verhindern. Auch das wenige Stunden vorher unmöglich: der Regierende Bürgermeister West-Berlins auf DDR-Grenzgebiet. Und zwischen all den Leuten, die wir filmten, schaute einer der bedeutendsten Schriftsteller der DDR, Stefan Heym, auf dem Weg in den Westen freudig in unsere Kamera.

Irgendwann in den frühen Morgenstunden ging es zurück in den Sender. Und auch dort geschah etwas Einmaliges: Zum ersten Mal in der langen Geschichte der »Abendschau« gab es schon um sieben Uhr morgens eine Ausgabe, eine »Abendschau am Morgen«. Und jede weitere Stunde eine noch aktuellere.

Für mich ging es nach der durchwachten Nacht am nächsten Tag ohne Pause weiter. Die ganze Stadt war elektrisiert, genau wie ich. Vom Sender aus ging es als Erstes zum Übergang Dreilinden, denn auch aus Brandenburg strömten jetzt viele Menschen nach West-Berlin. Wir warteten mit Kamera und Mikro an der Straße, stellten immer wieder dieselben Fragen: »Woher kommen Sie? Wo wollen Sie hin? Wie fühlen Sie sich?« Und wenn dann zum Beispiel jemand sagte, wir kommen aus Caputh, ging's mir genauso wie mit »Weißensee Spitze«: keine Ahnung, wo das lag. Ich wusste nicht einmal, dass Albert Einstein in Caputh in seiner »Datsche« die Sommermonate verbracht hatte.

Es wurde Mittag und der Beitrag vom Übergang Dreilinden musste geschnitten werden. Wieder in den Sender. Schneiden, sprechen, und schon ging es weiter, denn von mehreren Orten der Stadt wurde berichtet, dass sich die Grenze öffnete. So auch an der geschichtsträchtigen Bernauer Straße. In Höhe Oderberger Straße standen dort auf der Westseite hölzerne Aussichtsplattformen, von denen der Blick nach »drüben« ging. In der Oderberger Straße zum Beispiel auf den »Club der Volkssolidarität«. Die Häuser noch farbloser, heruntergekommener als im Westen. Dort, in Höhe des heutigen Mauerparks, schlugen in dieser Nacht Bausoldaten eine Öffnung in den »antifaschistischen Schutzwall«, um einen provisorischen Grenzübergang zu schaffen. Ein Loch in der Mauer, um auch hier dem Druck der Straße nachzugeben. Bisher Grenzgebiet, das Ost-Berliner nur mit einem Passierschein betreten durften. Jetzt war die Kreuzung voller Menschen. Die voller Freude in dieser kühlen Novembernacht darauf warteten, dass sich die Mauer öffnete. Ich habe dann nicht mehr miterlebt, wie die Ersten an der Bernauer Straße rüberkamen. Nach einem Tag, einer Nacht und einem weiteren Tag Arbeit schlief ich erschöpft am Drehort ein. Die Team-Kollegen drehten weiter. Meine Freundin Jutta, die mit in der Menschenmenge auf der Westseite war, fuhr mich nach Hause.

Das unkontrollierte Passieren der durchlässig gewordenen Grenze wurde von den DDR-Behörden am Tag darauf noch einmal unterbunden. Es gab zwar keine strengen Kontrollen, aber wer zum Beispiel vom Westen in den Osten wollte, musste eine sogenannte Zählkarte ausfüllen, auf der die Grenzübertritte registriert wurden. Aber auch das hatte bald ein Ende.

Besonders spektakulär für mich war die Schaffung eines Grenzübergangs direkt am Brandenburger Tor, wenige Tage vor Weihnachten 1989. Auf der Westseite, in der Ebertstraße, waren Hunderte von Menschen, Journalisten und Berliner Polizei versammelt. Als ein Kran das erste Mauersegment anhob und ein Spalt sich öffnete, begrüßten sich West-Berliner Polizeibeamte und DDR-Grenzer unter aufbrausendem Beifall und Jubelschreien, gaben sich die Hand. Welch schönes vorgezogenes Weihnachtsgeschenk an diesem 22. Dezember. Ein anderer Übergang war bereits zehn Tage zuvor am Potsdamer Platz entstanden. Der war jahrzehntelang kein Platz mehr gewesen, sondern lediglich eine unbebaute Fläche, eine Brache, über die Mauer und Grenzstreifen verliefen.

Bei solch zentralen und publikumsträchtigen Maueröffnungen waren meist auch der West-Berliner Regierende Bürgermeister Walter Momper und hier am Potsdamer Platz auch der damalige Bürgermeister Ost-Berlins, Erhard Krack, dabei. Ich stand mit meinem Kamerateam in der Menge, konnte zeitweise nicht glauben, was hier passierte. So viele Jahre hatten wir uns an die Mauer und die tiefen Schneisen mitten durch die Stadt gewöhnt, hatten gehört, wie Honecker postulierte, diese Mauer werde noch hundert Jahre stehen. Nun sollte alles anders kommen.

An der ehemaligen Staatsgrenze, am Brandenburger Tor wie anderswo, machten sich nach dem Mauerfall Tausende von sogenannten »Mauerspechten«

zu schaffen. Berlinerinnen und Berliner aus Ost und West sowie Touristen, bewaffnet mit Hammer und Meißel, versuchten, so viel Mauersplitter wie möglich als Souvenir vom »antifaschistischen Schutzwall« abzuschlagen. Anfangs war das noch verboten, aber niemand hielt sich daran. In den ersten Jahren nach der Einheit verschwand die gesamte Mauer in einem rasanten Tempo fast völlig aus dem Stadtbild.

Reporter-Glück

Nicht nur die Mauer wurde durchlässig, auch einige S-Bahnhöfe, die Jahrzehnte als Geisterbahnhöfe im Berliner Untergrund ein Schattendasein gefristet hatten. Jetzt wurden sie wiederbelebt. Züge fuhren von Ost nach West und umgekehrt.

So auch am Bahnhof Moritzplatz am 1. Juli 1990. Ich war als Reporter dabei. Mitten im Gewühl auf dem Bahnsteig der Regierende Bürgermeister Momper. Er hob feierlich die grüne Kelle und signalisierte dem ersten Zug symbolisch freie Fahrt. Das haben wir mit unserem »Abendschau«-Kamerateam natürlich gefilmt. Danach noch eine Umfrage im Bahnhof unter den Fahrgästen, dann war eine Kassette voll. Die brachte ich sicherheitshalber schon mal hoch zum Moritzplatz, wo unser Senderfahrzeug mit dem Fahrer wartete. Die SFB-Autos waren damals Mercedes-Kombis, silbergrau. Ich öffnete die hintere Tür und warf die Kassette mit den Bildern der offiziellen Bahn-Eröffnung auf den Rücksitz. Den Fahrer, der vorn im Wagen saß, nahm ich kaum wahr, er bemerkte auch mich nicht. Also wieder zum Weiterdrehen runter. Nach dem Dreh ging es mit dem silbergrauen Kombi zurück zum Sender, zum Schnitt. Ich saß hinten und versuchte, die Kassette zu ertasten, irgendwo musste sie ja sein. War sie aber nicht. Anhalten, noch mal schauen: nichts. Das Dreh-Material von diesem historischen Moment, der Wiederöffnung eines S-Bahnhofs, der 28 Jahre lang geschlossen gewesen war: verschwunden. Glücklicherweise löste sich noch am gleichen Tag das Rätsel: Neben dem SFB-Wagen am Moritzplatz stand ein Auto gleichen Typs und gleicher Farbe, ebenfalls mit Kamera-Equipment im Kofferraum. Es gehörte dem Schweizer Fernsehen. Die Eidgenossen meldeten sich später und brachten freundlicherweise die Kassette in die Masurenallee. Der Betrag konnte gesendet werden. Reporter-Glück!

Ganz generell waren die Wochen und Monate nach dem 9. November pures Glück für mich als Berlin-Reporter. Jetzt gab es wieder ein Berlin – und für mich zwei Stadthälften, aus denen ich berichten konnte. Noch waren mir die meisten Straßen im Ostteil weit weniger bekannt als die im Westen. Die Noch-Hauptstadt der DDR wollte erobert werden. Die alten West-Berliner Stadtpläne bildeten meist nicht den ganzen Osten ab, die alten Ost-Berliner Pläne stellten West-Berlin nur als eine weiße Fläche dar. Noch ohne Navi, galt es, sich irgendwie zurechtzufinden. Nicht immer einfach, besonders in den Neubaugebieten Marzahn und Hellersdorf.

Berlin-Mitte war mir schnell vertraut. Anfang 1990 bekam ich vom SFB den Auftrag, ein Feature über den Boulevard Unter den Linden zu drehen. Und das auch noch fürs Erste Programm! Und so suchte ich Geschichten aus der Geschichte von Berlins berühmter Straße zwischen Brandenburger Tor und dem gerade geschlossenen Palast der Republik.

Der Pariser Platz war damals noch eine unbebaute, asphaltierte Fläche, auf der in der Silvesternacht 1989 dann Tausende das Jahr der Einheit 1990 begrüßten, fröhlich, ausgelassen, aber auch völlig unkontrolliert. Rund um das Brandenburger Tor eine unüberschaubare Menschenmenge, aus der heraus Silvesterraketen abgeschossen wurden. Die Menschen umarmten sich, prosteten sich zu und feierten ausgelassen die gewonnene Einheit. Einigen gelang es, an Blitzableitern und einem Baugerüst auf die Dächer des Brandenburger Tores zu klettern. Die standen dann ganz oben, neben der Quadriga, völlig ungesichert. In dieser Nacht kam es tatsächlich zu einem schweren Unfall: Das Gerüst am Brandenburger Tor stürzte ein. Ein Mann kam ums Leben, weitere wurden schwer verletzt. Am Morgen des 1. Januar 1990 war der Pariser Platz mit einem dichten Teppich an Glasscherben überzogen.

»Solang noch Untern Linden ...«

»Solang noch Untern Linden die alten Bäume blüh'n ...« – diese Filmmusik von Willi Kollo stand am Anfang meiner ersten größeren Reportage aus dem Osten, der alten Berliner Mitte. 45 Minuten für die ARD, das »Erste«. Meine Fernsehgeschichte über die Straße Unter den Linden begann unter der Erde, in den Kellern der früheren Akademie der Künste. Vom alten Gebäude hatte der Krieg nur wenig übriggelassen, aber die Kellerräume am Pariser Platz waren noch da, und dort an den Wänden die Zeichnungen und Malereien junger Künstler, die da unten zu DDR-Zeiten gefeiert und eben auch gemalt hatten. Zu ihnen gehörte Werner Stötzer, einst prominenter Bildhauer der DDR, der mich und mein Kamerateam Zigarre rauchend durch die Kellerräume führte. Viele Jahre war diese Kunstausstellung der besonderen Art nicht zugänglich, weil die Keller im Grenzgebiet lagen. Später sollte an gleicher Stelle die neue Akademie der Künste entstehen, daneben ein neues Hotel Adlon. Damals aber war dort: nichts. Zwischen Wilhelmstraße, die 1990 noch Otto-Grotewohl-Straße hieß, und Glinkastraße lag und liegt die Trutzburg der russischen Botschaft, eine Art Sowjet-Palast mit dem Prunk des Zuckerbäckerstils der Stalin-Ära.

Die interessanteste Ecke der Linden war und ist die an der Friedrichstraße. Vor den Kriegszerstörungen befanden sich an dieser Kreuzung berühmte Cafés wie das »Kranzler«, das »Café Viktoria« oder das »Café Bauer«. Das »Kranzler« hatte für seine Gäste über hundert deutsche Tageszeitungen für die Lektüre beim Kaffee im Angebot.

Die Linden ein paar hundert Meter weiter auf dem Mittelstreifen der »Alte Fritz« hoch zu Ross. Zu seiner Linken die Staatsbibliothek, der letzte Prachtbau aus der Kaiserzeit. daneben die Humboldt-Universität. Zur Rechten des Reiterstandbildes der Bebelplatz mit der sogenannten »Kommode«, wie die einstige königliche Bibliothek genannt wird. Vor der Humboldt-Uni drehte ich 1990 für meinen Film ein Interview mit dem jungen Gregor Gysi, der noch am Anfang seiner Polit-Karriere stand. 32 Jahre später lud mich der Alt-Linke in seine Talkshow »Missverstehen Sie mich richtig« ein, etwas später dann noch einmal zusammen mit dem Satire-Politiker Martin Sonneborn. Eine verbale Herausforderung zwischen den beiden »Meistern der Worte«.

Etwas weiter in Richtung Palast der Republik die Staatsoper, das Kronprinzessinnen- und das Kronprinzenpalais, Gebäude, die während des Zweiten Weltkriegs stark zerstört und noch zu DDR-Zeiten als Kopie der historischen Vorbilder wieder errichtet worden waren. Disney war also schon damals ... Im Kronprinzenpalais traf ich, ebenfalls für meine Reportage, den Enkel des letzten deutschen Kaisers, Prinz Louis Ferdinand. Auf dem Balkon des Palais erzählte er von seinen Erinnerungen an die Aufmärsche der kaiserlichen Truppen. Er konnte sich noch an die Jubelrufe der Soldaten zu Beginn des Ersten Weltkriegs erinnern.

An der Schlossbrücke dann das älteste Gebäude, das Zeughaus, Unter den Linden Nr. 1, mit dem Museum für deutsche Geschichte, das nach der Wende Christoph Stölzl leitete, der unser Kamerateam durch die »Waffenkammern Preußens« führte. Auch er wurde so Teil des Films über die Linden, ebenso die Gruppe Silly mit Sängerin Tamara Danz, mit denen wir einen Musikclip am Brandenburger Tor und vor der Staatsoper drehten. Der Silly-Song »Berliner Frühling« fing die Aufbruchstimmung dieser Tage musikalisch ein, gesungen von Tamara Danz, einer energiegeladenen Frau, an ihrer Seite Gitarrist Uwe Hassbecker, der bis heute bei Silly spielt. Tamara starb 1996. Sie und Hassbecker wohnten 1990 in einer aufgehübschten Platte direkt gegenüber vom Konzerthaus am Gendarmenmarkt. Tamara zeigte uns »Wessis« dann auch die Ost-Berliner Nachtszene. Sie wusste, wo es noch nach Mitternacht etwas zu trinken oder sogar zu essen gab. Ich erinnere mich noch an eine Gaststätte in Prenzlauer Berg, die von »Stasi-Müller« betrieben wurde. Der Mann hatte offensichtlich gute Beziehungen nach oben und konnte seinen Gästen, darunter auch Diplomaten, schon zu DDR-Zeiten mehr bieten als Soljanka und Würzfleisch. Ein Jahr später waren Tamara und Uwe Gäste auf der Party zu meinem 40. Geburtstag, die ich im Schinkelpavillon im Garten des Kronprinzenpalais feierte. Was damals in den Umbruchzeiten irgendwie möglich war. Wahnsinn.

Unter den Linden vor der Neuen Wache paradierte noch Anfang 1990 das Wachregiment Friedrich Engels der Nationalen Volksarmee. Mit Wachablösung im Stechschritt. Die Schlossbrücke hieß noch Karl-Marx-Brücke und der Schlossplatz Karl-Marx-Platz: eine große, öde Fläche, auf der Unmengen Autos und später auch Campingwagen von Berlin-Touristen parkten. Direkt am Kupfergraben, einem Seitenarm der Spree, stand das Außenministerium der DDR, nach dem DDR-Außenminister Oskar Fischer auch »Fischerhütte« genannt. Der langgestreckte weiße Gebäuderiegel ist verschwunden, seit Jahrzehnten soll an dieser Stelle die Schinkel'sche Bauakademie wieder entstehen. Aber, wie so oft in Berlin, das zieht sich. Gegenüber der Palast der Republik, 1990 schon geschlossen wegen Asbestbelastung. In einem Seitenflügel des Palastes tagte am 23. August 1990 zum letzten Mal die Volkskammer der DDR, in der schließlich der Beitritt der DDR zum Geltungsbereich des Grundgesetzes der Bundesrepublik beschlossen wurde – und damit das Ende des Arbeiter- und Bauernstaates.

Für mich als West-Reporter war der Linden-Film die erste Gelegenheit, länger und intensiver in Ost-Berlin zu drehen. Alles war noch so neu. Alles roch noch nach DDR, nach Zweitaktern und Braunkohle auf der Straße, nach Karbolreiniger in öffentlichen Gebäuden. Ein Geruch übrigens, der mir an manchen Orten im Osten noch nach Jahrzehnten in die Nase stieg. Das Zeug hält sich lange in den Ritzen.

Mein Feature »Solang noch Untern Linden« lief am 10. Januar 1991 in der ARD, gleich nach der »Tagesschau«. Ein Ehrenplatz im Fernsehgeschäft. Und schließlich schrieb ich über die Linden mein erstes Buch, eigentlich nur ein Büchlein, das im Wesentlichen den Film in Schriftform brachte. Die Pressekonferenz des Verlags war allerdings ausgesprochen lustig, wir fuhren in einer Kutsche mit Journalisten-Kollegen über den Boulevard. Heute gibt es das Büchlein noch bei ebay ...

Aufbrüche …

Im August 1990 wurde die Mauer wieder aufgebaut, höher als je zuvor, direkt am Potsdamer Platz, allerdings aus Styropor, als Kulisse für das Riesen-Rock-Ereignis des Jahres: Pink Floyd präsentierte »The Wall« genau da, wo einst die Mauer stand. Der Potsdamer Platz noch eine leere Staubwüste. Mittendrin, fast verloren, ein hässliches Hochhaus der 1970er Jahre mit dem hochtrabenden Namen »Bellevue-Tower«, ein Appartementhaus mit 14 Stockwerken. Vom Dach des Hauses hatten wir einen fantastischen Blick auf die gigantische Bühne und die Menschenmenge unter uns, denn zu diesem Konzert waren viele Tausende gekommen. Unter den Gästen auch die Sängerin Ute Lemper, mit der ich vor dem Konzert im Theater des Westens gedreht hatte und die ich in meinem Kleinwagen, einem Lancia Y, mit zum Platz nahm. Der Tower wurde 1993 gesprengt, um Platz zu schaffen für ein neues Stadtquartier.

Das Jahr 1990: Die DDR gehörte nun zum Geltungsbereich des Grundgesetzes. Berlin war wieder Berlin. Hauptstadt waren wir ja noch nicht. Dazu musste später noch das Parlament in Bonn ein Okay geben.

Politisch näherten sich die beiden Stadthälften an. Im Westen war Walter Momper »Regierender«, im Osten wurde es nach dem Sozialisten Erhardt Krack der Sozialdemokrat Tino Schwierzina. Aus Senat West und Magistrat Ost wurde der »Magi-Senat«. An vielen Orten setzten sich die Menschen an »Runde Tische«, um Vergangenes aufzuarbeiten und Neues zu planen. Vieles existierte jetzt doppelt in Verwaltung und Infrastruktur der Stadt. Ein Jahr später, 1991, hieß der Regierende Bürgermeister dann wieder Eberhard Diepgen, die rot-grüne Koalition war an Streitigkeiten im Umgang mit den Hausbesetzern in der Mainzer Straße gescheitert. Das Zusammenwachsen aber hatte schnell etwas von »Überwuchern«: Der Osten wurde mit Konsumgütern aus dem Westen überflutet, die Ost-Industrie ging zugrunde. Immerhin, der Westen übernahm vom Osten den »Grünen Pfeil« für Rechtsabbieger im Straßenverkehr. Na prima.

Die Rolling Stones wollten Ost und West gleichermaßen bespielen, sie gaben auf ihrer Tour 1990 gleich zwei Konzerte in Berlin, eins in der Waldbühne und ihr erstes Konzert in Ost-Berlin auf der Radrennbahn in Weißensee. Am Jahrestag des Mauerbaus, am 13. August! Für Tausende junge Menschen in der DDR ging damit ein lang gehegter Traum in Erfüllung. Ich berichtete aus der Waldbühne, mein Kollege Cherno Jobatey aus Weißensee. Die Fans dort waren fassungslos, in den kurzen Interviews immer wieder das Wort der Wendezeit: »Wahnsinn!«

Nach den Stones kam 1991 eine weitere weltbekannte Band nach Berlin: die Bee Gees. Mit der Wende hatte sich auch bei mir eine private Veränderung vollzogen. Von meiner Freundin Jutta, mit der ich nach Berlin gekommen war, die Hilfe und Stütze war, mich in dieser Stadt zurechtzufinden, hatte ich mich getrennt und eine neue Liebe gefunden: Martina. Sie arbeitete in der Konzertagentur Concert Concept. Irgendwie erhielt ich darüber die Anfrage, ob ich nicht einen längeren Film über die bevorstehenden drei Bee-Gees-Konzerte in Berlin realisieren wollte. Produzieren sollte den sechzigminütigen Film der Nachfolgesender des DDR-Fernsehens, der Deutsche Fernsehfunk DFF. Welche Chance! Zu Vorgesprächen sollte ich die Bee Gees auf ihrer Tour in Saarbrücken treffen. Also ging es mit dem Flugzeug zunächst nach Frankfurt, dann mit einer kleinen Maschine zum kleinen Flughafen von Saarbrücken, um die Band kennenzulernen. Heraus kam dabei erst einmal nur eine Art *meet and greet* und das Agreement, einen Film über die drei Konzerte in Berlin zu machen.

Und dann war es endlich so weit: Die Gebrüder Gibb landeten in Tegel, und ich holte sie vom Flughafen ab. Für den Film begleitete ich auch eingefleischte Hardcore-Fans, die Barry, Maurice und Robin schon auf viele Konzerte weltweit »verfolgt« hatten. Ansprechpartner für alle Dreharbeiten mit der Band war Maurice Gibb, so etwas wie der Managing Director der Band, ein außerordentlich freundlicher, aufgeschlossener und vor allen Dingen humorvoller Typ. Er führte unser Kamerateam durch den Backstage-Bereich, zeigte uns die Garderoben und Aufenthaltsräume, die mit eigens mitgebrachten Möbeln eingerichtet waren. Vor dem ersten Konzert wollte Maurice noch etwas von Berlin sehen. Mit ihm und dem ältesten Sohn von Barry Gibb, Travis, fuhren wir durch die Stadt: Brandenburger

Tor (ohne Quadriga, weil die gerade zur Restauration abgebaut war), Unter den Linden, Checkpoint Charlie, Prenzlauer Berg mit Kollwitzplatz, danach zum Soundcheck zurück in die Waldbühne. Obwohl die Bee Gees schon seit Jahrzehnten auf den Bühnen der Welt Erfahrungen gesammelt hatten, machten sie vor jedem Konzert einen Soundcheck, und zwar persönlich. So sang Barry »To love Somebody« ins noch menschenleere Rund der Waldbühne. An den Mikrofonen klebten schon die Setlisten, alle Gitarren und Instrumente wurden von den Roadies gestimmt und positioniert. Nur Robin Gibb fehlte noch: Er war zwischen zwei Tournee-Auftritten kurz zu seiner Familie nach Großbritannien geflogen.

Für die Aufzeichnung der drei Konzerte standen sechs Kameras zur Verfügung. So konnten Band und Publikum aus verschiedenen Perspektiven aufgenommen werden. Dann der erste Abend. Wir durften mit der Kamera ganz kurz vor dem Auftritt vom Backstage-Bereich durch den Tunnel bis hinter den Vorhang. Die Band draußen spielte schon das Intro, hier hinter dem Vorhang scherzten die drei Bee Gees noch herum. Robin hatte es tatsächlich pünktlich zurückgeschafft. Absolute Profis. Dann raus, 22.000 begeisterte Fans applaudierten. Ganz vorne in der ersten Reihe die Dauer-Fans, die wir begleiteten, die kaum ein Konzert der Bee Gees auf dieser Welt ausließen.

Am nächsten Tag war noch etwas Zeit für einen zweiten Ausflug. Über den in Berlin ansässigen britischen Soldatensender BFBS konnten wir eine

Mitflug-Gelegenheit bei der damals noch in Berlin stationierten britischen Schutzmacht organisieren. Ein Helikopter der britischen Armee nahm Maurice und mich samt Kameramann mit auf einen Flug über Berlin und Potsdam. Und über die Waldbühne. Grandios! Für die Dreharbeiten hatten wir die Seitentüren des Hubschraubers hinten ausgehängt, um mobiler zu sein. Allerdings löste sich über Potsdam, direkt über Sanssouci, mein Sicherheitsgurt. In panischer Angst, in der nächsten Kurve aus dem Hubschrauber zu fliegen, meldete ich mein Missgeschick per Headset. »We don't wonna lose you, Ulli«, scherzte Maurice. Ich kriegte den Gurt glücklicherweise wieder zu.

Drei Konzerte hatten wir aufgenommen, damit ging es in den Schnitt. Der war nicht immer einfach, weil die Bee Gees manchmal in unterschiedlicher Reihenfolge ihr Bühnenoutfit wechselten. Einmal hatten sie während eines bestimmten Songs rote Jacken an, beim zweiten Konzert dann dummerweise schon die Glitzerdinger – schwer zusammenzuschneiden. Aber unser irischer Cutter John hat es hervorragend hingekriegt und neunzig Minuten über die heiße »High Civilisation Tour 1991« zusammengefügt. Der Film wurde noch im selben Jahr beim Deutschen Fernsehfunk ausgestrahlt. In den Wirren der Nachwendezeit aber verschwand dann irgendwie das Band. Immerhin hatten die Bee Gees das Master bekommen. Ich habe der Gruppe noch auf einer Postkarte für die vertrauliche und sehr angenehme Zusammenarbeit gedankt. Aber nie eine

Antwort erhalten. Manchmal denke ich daran und stelle mir vor, dass mein Film und meine Postkarte in einem Archiv von Barry Gibb gelandet sind, dem einzigen noch lebenden Bee Gee.

Auch in den Folgejahren hatte ich immer mehr mit Prominenten zu tun. Unvergesslich meine Begegnung mit Marianne Faithfull. Wieder über Beziehungen zu Concert Concept vermittelt, konnte ich, gemeinsam mit meiner Freundin, der Sängerin die Kunstschätze der Museumsinsel zeigen, ganz ohne Presse, sehr privat.

Szenenwechsel. Privat, ohne Senderauftrag, sondern als Moderator einer Info-Show tourte ich für die Bundesregierung durch die neuen Länder. Ein Projekt des Bundesverkehrsministeriums, dem damals Günther Krause als Minister vorstand. Unter dem Titel »Verkehrsprojekte Deutsche Einheit« stellten wir neue Autobahn-Abschnitte, Bahntrassen und Wasserstraßen vor. Mit einem Info-Zelt ging es über die Marktplätze von Brandenburg bis Magdeburg, Marienborn bis Meißen. Gemeinsam mit Politikern aus Bund und Kommunen galt es die Vorteile neuer Verkehrswege zu »verkaufen«. Nicht einfach, es gab Widerstand gegen Veränderungen, das Neue. Doch wie sagte Gorbatschow – wer zu spät kommt, den bestraft das Leben.

Zur politischen Prominenz, die in den frühen Neunzigern Berlin besuchte, gehörte auch der letzte Generalsekretär der KPdSU, seit 1992 Ehrenbürger von Berlin. Ich hatte das große Glück, diesen Mann, der maßgeblich an einer Wende mit weltweiten Folgen beteiligt gewesen war, 1998 bei einem weiteren Berlin-Besuch zu interviewen, exklusiv. Ein Ost-Kollege, Friedhelm Acksteiner, mit dessen Frau, einer Moderatorin, ich bereits zusammengearbeitet hatte, vermittelte diesen Kontakt, über welche Quellen auch immer. Interview-Ort sollte das Hotel Berlin am Lützowplatz sein – ein Interview mit Michail Gorbatschow von Ulli Zelle. Das war natürlich nur mit einem Übersetzer möglich, aber immerhin kam ich Gorbatschow, einem Mann, der Geschichte geschrieben hat, doch ein Stück näher, auch wenn wir umringt waren von Begleitern und Sicherheitskräften. In dem Interview erzählte er mir, der damalige polnische Premierminister hätte ihm 1989 bei seinem Aufenthalt in Ost-Berlin überhaupt erst übersetzt, was ihm Menschen auf der Straße immer wieder zugerufen hatten: »Gorbi hilf, Gorbi hilf!« Er hat geholfen. Glasnost und Perestroika machten auch vor der DDR nicht halt.

... und Abschiede

Im Jahr 1992 starben drei Menschen, deren letzten Weg ich als Reporter begleiten konnte. Da war zunächst Heinz Galinski, der frühere Vorsitzende der Jüdischen Gemeinde zu Berlin, für den ich so viele Reden geschrieben hatte. Er wurde auf dem jüdischen Friedhof an der Heerstraße beigesetzt.

Und es starb Marlene Dietrich, die große kühle Blonde aus Berlin, die mit dem »Blauen Engel« eine unvergleichliche Karriere begann, die Berlin verließ, um in Hollywood Erfolge zu feiern, und die sich unmissverständlich gegen Hitler und die Nazi-Diktatur äußerte. Ihre letzten Jahre hatte sie in Paris verlebt. Die Dietrich war in Schöneberg, in der Leberstraße, aufgewachsen, auf der sogenannten »Roten Insel«, die so hieß wegen der hohen Wahlergebnisse für SPD und KPD in der Weimarer Republik. Nicht in Schöneberg, sondern in Friedenau sollte Marlene ihre letzte Ruhestätte finden. Ihr Sarg wurde in einem großen amerikanischen Leichenwagen ganz langsam, im Schritttempo, vom Rathaus Schöneberg zum Friedhof in der Stubenrauchstraße gefahren. So hatten über mehrere Kilometer die Berlinerinnen und Berliner am Straßenrand Gelegenheit, Abschied zu nehmen. Und es standen viele am Straßenrand, denn obwohl die Dietrich emigriert war, blieb sie für ihre Fans hierzulande eine Berlinerin. Nun kehrte sie in ihre Heimatstadt zurück. Für immer.

Mit unserem Team begleiteten wir den Trauerzug. Doch irgendwann, der Kameramann war starker Raucher, verließen ihn die Kräfte und er konnte nicht mehr schnell genug weiter. Marlene fuhr dahin, und ich lief ohne Kamera weiter hinterher bis zum Friedhof. Damit waren uns sicherlich ein paar schöne Momente und Bilder dieses Abschieds verloren gegangen. Aber am Friedhof hatte der SFB bereits eine Kamera an einem Kran positioniert; dadurch war es möglich, optisch ziemlich nah an das Grab zu kommen, das natürlich umringt war von Hunderten Menschen. Auf Marlenes Grabstein heißt es: »Hier steh ich an den Marken meiner Tage«.

Auch Willy Brandt war 1992 verstorben und wurde auf dem Waldfriedhof in Zehlendorf beigesetzt. Brandt war für mich ein Staatsmann mit Profil und Charisma. Umso unverzeihlicher, dass ich in meinem Bericht über die Beisetzung den Namen einer seiner Söhne falsch nannte. Dieser Fehler hing mir noch lange nach. Vielleicht wird in der Zukunft ein Kollege oder eine Kollegin bei einer Archiv-Recherche anmerken müssen: Hier irrte der Chronist.

1994 nahm der deutsche Hochadel Abschied vom letzten Enkel des letzten deutschen Kaisers Wilhelm II., Prinz Louis Ferdinand. Noch zwei Jahre zuvor hatte ich mit ihm auf dem Balkon des Kronprinzenpalais gestanden. Jetzt lag er aufgebahrt im Berliner Dom, der Kirche der Hohenzollern. Ich berichtete live von der Trauerfeier für eine Sondersendung, in diesem Fall aus dem Off, versteckt in einer abgedunkelten Sprecherkabine. Die Sendung begann, ich beschrieb den Dom und das Publikum, hatte aber den falschen Knopf gedrückt. Die ersten Sätze waren nicht auf Sendung gegangen. Peinlich in einem solchen Moment! Doch schließlich der richtige Knopf, die Fassung kehrte zurück und ich kommentierte den Trauergottesdienst fehlerfrei.

Tierfreunde und Kaufhauserpresser

Vor Gericht musste sich ab 1992 immer wieder die alte Führungsriege der DDR verantworten. Erich Mielke, Egon Krenz, Erich Honecker wurden von Richtern am (West-)Berliner Landgericht zur Verantwortung gezogen für die Schüsse an der Mauer. Erich Honecker kam schließlich frei, am 13. Januar 1993 konnte er das Untersuchungsgefängnis in Moabit verlassen. Der SFB hatte den Tipp bekommen, dass Honecker aus einem Tor der Strafvollzugsanstalt an der Straße Alt Moabit kommen würde. Folglich positionierten wir uns mit unserer Kamera in einem Haus direkt gegenüber dem Gefängnistor. Doch leider nahm Honecker einen anderen Weg, direkt zum Flughafen nach Tegel, um von dort ins Exil nach Chile zu fliegen.

Übrigens gehörte ich zu den Neugierigen, die sich in Wandlitz ein Bild davon machen wollten, wie die SED-Oberen gelebt hatten. Wandlitz gehörte noch zum Berichtsgebiet des Fernsehens der DDR, später Deutscher Fernsehfunk. Das neue TV-Magazin »Elf 99«, benannt nach der damaligen Postleitzahl von Adlershof, dem Sitz des Senders, berichtete ausführlich und für die damalige Zeit auch forsch und furchtlos über das Wandlitzer SED-Ghetto. Hinter den grün gestrichenen Betonwänden der sogenannten »Bonzen-Siedlung«: eine »Biedermann-Siedlung«. Einbeziehungsweise Mehrfamilienhäuser, schlicht, farblos, ohne jeden Luxus, was die Einrichtung anging. Menschenmengen stapften durch die Wohnungen und nahmen als Souvenir mit, was irgendwie in die Taschen passte. In Honeckers Haus stand noch ein leerer Vogelkäfig. War der Genosse Tierfreund? Im Garten eine schlanke Fischreiher-Skulptur. Irgendjemand hat das einen Meter fünfzig hohe Metall-Tier vom Sockel gebrochen und mitgenommen. Honecker sollte ja nie wieder zurückkehren.

Erich Mielke, der Stasi-Chef der DDR, wurde im Oktober 1993 wegen Mordes zu sechs Jahren Haft verurteilt; vier Jahre, zwei Drittel der Strafe, saß er ein, dann wurde er vorzeitig entlassen. Verurteilt worden war er übrigens wegen eines Mordes aus der Zeit der Weimarer Republik, der sechzig Jahre zurücklag. Egon Krenz erhielt wegen der Todesschüsse an der Berliner Mauer sechseinhalb Jahre Haft, knapp vier davon hat er ab 1999 verbüßt. Geschichte, über die ich als Reporter nur am Rande berichtete.

Anders ein Fall, der mich stark beschäftigen sollte: Dagobert, der clevere Kaufhauserpresser, war nach Jahren und vielen erfolglosen Versuchen, ihn zu schnappen, endlich am 22. April 1994 in einer Telefonzelle erwischt worden. Vom KaDeWe hatte er eine halbe Million, vier Jahre später eine Million von Karstadt in Hamburg gefordert, schließlich erhöht auf 1,4 Millionen. Als Zeichen, dass er es ernst meinte, ließ Dagobert sechs Sprengsätze in die Luft fliegen. Glücklicherweise gab es nie Verletzte oder Tote. Zuvor hatte er mit viel technischer Finesse Geldübergaben inszeniert. So zum Bespiel mit einem kleinen Transportschlitten, mit dem er sich das Lösegeld auf einem stillgelegten S-Bahn-Gleis zukommen lassen wollte. Der kleine Schienenwagen kippte aber um, Dagobert wurde beinahe gefasst, nur rutschte der ihn verfolgende Beamte unglücklich aus und fiel hin. Ein anderes Mal ließ er das Lösegeld in einer Streusandkiste am Straßenrand hinterlegen, verschaffte sich durch die Kanalisation, von unten, Zugang zu der Sandkiste und verschwand im Untergrund – während die Polizei oben zum Zugriff bereitstand. Allerdings handelte es sich bei dem deponierten »Geld« größtenteils um Altpapier. Arno Martin Franz Funke, so Dagoberts vollständiger bürgerlicher Name, wurde am Ende zu einer Haftstrafe von neun Jahren verurteilt.

Nach seiner Freilassung 2000 bin ich mit Funke noch einmal seine Lösegeld-Übergabeorte abgelaufen und habe darüber einen Bericht für die »Abendschau« gemacht. Der Erpresser war ein »netter Kerl«; schwer vorstellbar, dass er Bomben- und Brandanschläge geplant und dabei das Leben unschuldiger Menschen aufs Spiel gesetzt hatte. Übrigens, sein hartnäckiger polizeilicher Verfolger, Martin Textor vom Spezial-Einsatzkommando »Dagobert«, freundete sich später mit Funke an. Und fast drei Jahrzehnte nach seiner Tat sollte Dagobert mit Ulli und den Grauen Zellen einen Auftritt in unserem Club, dem »Rickenbackers«, absolvieren. Als Stones-Fan sang Dagobert bei uns »Satisfaction«. Es blieb bei diesem einen Gastauftritt.

Kult, Keller, Clubs

In den ersten Jahren nach der Wiedervereinigung dieser Stadt entdeckte die Party-Szene neue Orte, meist »lost places«, für eine neue Club-Kultur: das alte E-Werk, Fabriketagen, Abrisshäuser etc. Da war das frühere Stammhaus des Besteck-Herstellers WMF in der Leipziger Straße. Das Gebäude stand nach der Wende leer, im Keller etablierte sich der damals legendäre »WMF-Club«. Gleich nebenan, in der Mauerstraße gegenüber der nordkoreanischen Botschaft, kletterten Szene-Kenner durch in die Brandmauer gehauene Löcher, um in einen anderen halb-illegalen Club zu gelangen. Im nächsten Haus funktionierten irgendwelche Leute einen leerstehenden Friseursalon aus DDR-Zeiten zu einer Party-Location um, den »Friseur« mit Neonschriftzug über dem Eingang. Andere machten die alten Toiletten der S-Bahn unter dem Potsdamer Platz zum angesagten Geheimtipp in der Nachtszene. Oft hatten diese Läden keinen Strom, Batterien versorgten die Musikanlage, und bei Kerzenschein ging dann viel, meist warmes Bier an der Steuer vorbei über den Tresen. Wildes Neu-Berlin im Osten. Alles schien möglich in Zeiten des Umbruchs, als viele Besitzverhältnisse noch ungeklärt waren. In dieser Zeit entdeckte auch Dimitri Hegemann die Tresorräume im Keller des im Krieg zerstörten Kaufhauses Wertheim am Leipziger Platz. Der »Tresor« wurde Kult! Im April 2005 wurden wurde dort die letzten Techno-Partys gefeiert. Heute steht an dieser Stelle die Mall of Berlin.

Bei VOX und »Antena Alemana«

Beruflich eröffneten sich für mich Anfang der Neunziger neue Möglichkeiten. Ich bekam das Angebot, eine Talkshow bei dem gerade gegründeten Fernsehsender VOX zu moderieren. Produziert wurde in Köln, die Redaktion saß in München. Und so pendelte ich wöchentlich zwischen Berlin, München und Köln zur Aufzeichnung der Sendung. Das Format hieß »Provokation«. Ein Kamerateam stellte dafür in der Öffentlichkeit, zum Beispiel in einer Fußgängerzone, eine provokante Situation nach. So wurde zum Beispiel dem Anschein nach ein Kind vom Vater auf der Straße geschlagen oder in aller Öffentlichkeit Marihuana geraucht. Am Rande dieser Aktion fragten wir Umstehende nach ihrer Meinung, warum sie nicht eingeschritten wären, weggeschaut hätten? Die Themen wie Gewalt gegen Kinder oder Legalisierung von Drogen wurden anschließend mit Experten und Politikern im Studio in Köln diskutiert. Für mich war es eine neue Erfahrung, in einem Studio mit Publikum gemeinsam mit meiner Kollegin Anja Stehmeyer zu moderieren. Und es war schon besser als bei meinen missglückten Studioauftritten für die »Abendschau«. Die Themen waren damals, zur Zeit des »Heißen Stuhls« bei RTL, eher auf Krawall gebürstet. Doch das ständige Pendeln zwischen Berlin, Köln und München machte mir auf Dauer keinen Spaß. Außerdem vermisste ich mein geliebtes Berichtsgebiet Berlin.

Eine andere Episode meines Berufslebens hat ebenfalls weniger mit Berlin, sondern mit Mallorca zu tun. Durch meine häufigen Besuche im Rheinland bei ehemaligen Studienkollegen, die wieder in ihre alte Heimat gezogen waren, bekam ich Kontakt zu einem sehr umtriebigen Redakteur namens Roger Horne. Er selbst bezeichnete sich als einen der zehn Top-Journalisten der Bundesrepublik, arbeitete für öffentlich-rechtliche, aber auch einige private Sender. Ein Tausendsassa. Neben seiner Fernseharbeit hatte er die Sendelizenz für einen deutschen Privatsender auf Mallorca gekauft und sendete von dort mit der »Antena Alemana« auf der Frequenz 103,2 jeden Tag zwei Stunden ein deutschsprachiges Programm. Hornes Partner bei diesem Sender war ausgestiegen, und ich übernahm 1990 die Anteile.

Das machte mich quasi zum »Intendanten« eines deutschen Radiosenders. Klingt erst mal gut, aber »Antena Alemana« bestand eigentlich nur aus einer Zweizimmerwohnung. Ein Raum diente als Büro, der andere als Plattenarchiv. Zum Senden ging es in die Studios des spanischen Senders »Antena Tres« am Paseo Maritimo in Palma. Unser kleines Studio lag im zweiten Untergeschoss und bestand aus einer winzigen Sprecherkabine und einem sehr kleinen Technikraum, dazwischen eine Scheibe, mehr nicht. Die Musik war weitestgehend deutsch, die Nachrichten natürlich auch. Dazwischen sendeten wir Werbespots, in der Regel für deutsche Einzelhändler auf der Insel, von der Boutique über den deutschen Fleischer bis zum deutschsprachigen Kaminbauer. Zwei

Zwischenspiel: Mit Co-Moderatorin Anja Stehmeyer im »Provokation«-Studio beim Sender VOX

Stunden vor uns waren die Dänen auf der Frequenz, nach uns kamen die Engländer. Von Berlin aus meldete ich mich oft per Telefon »live« mit Nachrichten und Reportagen. Noch ohne Handy, musste ich auf meinen Reportertouren durch die Stadt gelegentlich an irgendeiner Telefonzelle Halt machen. »Hallo, hier ist Berlin, live für Sie die 103,2 – Antena Alemana!« Ich bin in dieser Zeit öfter nach Palma de Mallorca geflogen, um dort auch selbst Sendungen zu fahren. Das hat tatsächlich großen Spaß gemacht, weil wir immer Zuhörerinnen und Zuhörer telefonisch zuschalteten, und daraus ergab sich ein lebendiger Kontakt mit unserem Publikum. So entstanden auch viele Freundschaften in der deutschen Community auf der Insel. Ein vierjähriger Abstecher in eine andere Welt, der mit einem Defizit von rund 14.000 DM für mich endete. Schön war's trotzdem.

Ein Sommermärchen

Vom SFB hatte ich mich trotz meines Engagements bei VOX nicht völlig gelöst. 1993, nach einem Jahr Ausflug zu den Privaten, kehrte ich freudig nach Berlin und zur »Abendschau« zurück.

Es kam das Jahr 1995. Christo und seine Frau Jeanne-Claude wollten das Reichstagsgebäude verhüllen. Ich durfte als Reporter täglich live von der Aktion berichten. Auf der Wiese vor dem Reichstagsgebäude tummelten sich in diesem Sommer Tausende Menschen, um den Prozess der Verhüllung zu verfolgen. Das Wort »verpacken« entsprach nicht dem Sprachgebrauch Christos, er bestand auf »verhüllen«. Als SFB begleiteten wir die Aktion von der Herstellung des Materials, der sogenannten »Fabrique«, wie Christo es nannte, bis hin zum Ende dieses einmaligen Ereignisses.

Ein paarmal interviewte ich auch das Künstlerpaar, und besonders blieb mir ein Gespräch in Erinnerung, das wir auf dem Balkon eines schräg gegenüber vom Reichstag liegenden Gebäudes führten. Wir oben beim Interview, unten applaudierten die Menschen und jubelten Jeanne-Claude und Christo zu. Beide waren äußerst freundlich im Umgang, sprachen ein sympathisches Englisch, er gebürtiger Bulgare, sie Französin. Jeanne-Claude dominierte oft das Gespräch, wusste, was zu tun und zu sagen war. Am Ende blieb aber er der Boss, der künstlerische Kopf in dieser Beziehungssymbiose. Die Bilder von dem, was das Künstlerpaar hier in Berlin geschaf-

Sommermärchen 1995: Für den SFB vor dem verhüllten Reichstag …

... und beim Interview mit Star-Fotograf Helmut Newton

fen hatte und wie die Menschen nicht nur in dieser Stadt begeistert darauf reagierten, gingen um die Welt. Ich habe die Verbindung zu Christo, auch nach dem Tod seiner Frau, aufrechterhalten, ihn bei seinen weiteren Berlin-Besuchen interviewt, das letzte Mal ein Jahr vor seinem Tod.

Als rasender Reporter nahm ich nach der Wende auch längere Laufstrecken in Angriff. So den Halbmarathon und die »25 km von Berlin« kreuz und quer durch unsere Stadt. Für die 25 Kilometer, so zumindest der Eintrag in meinem Kalender, brauchte ich zwei Stunden, zwanzig Minuten und dreißig Sekunden. Aber der Weg war das Ziel: beim Laufen die Stadt aus einer anderen Perspektive sehen, Ideen sammeln, Eindrücke gewinnen. Später sollte ich noch elfmal die komplette Marathonstrecke hinter mich bringen, allerdings gehörte ich mit fast fünf Stunden eher zum letzten Viertel des Läuferfeldes. Kurz vor dem Besenwagen. Aber auch hier war der andere Blick auf die Stadt das Wichtigste – und angefeuert zu werden von vielen Fernsehzuschauerinnen und -zuschauern an der Strecke. 42,195 Kilometer bewältigt, das ist immer ein Sieg über sich selbst.

»Marathon-Mann«

DIE ALTE, NEUE HAUPTSTADT

Berlin in den Neunzigern

Mitte der Neunzigerjahre wurde Berlin zusehends interessanter für Menschen aus aller Welt. Im Jahr von Christos Reichstagsverhüllung gastierte Bob Dylan im Tempodrom, der King of Pop, Michael Jackson, im Olympiastadion und der heutige König Charles, damals noch Prinz, besuchte einen Plattenbau in Hellersdorf. Was für eine Aufregung! Und Beate Uhse eröffnete in der Joachimsthaler Straße in der Nähe vom Bahnhof Zoo den ersten Sexshop Berlins. Die »Abendschau« berichtete.

Mein Terminkalender in diesen Jahren war täglich voll. Da galt es, ein Interview mit Hildegard Knef anlässlich ihres 70. Geburtstags 1995 zu machen. Die Knef empfing in ihrem Berliner Domizil. Und sie wirkte auf mich genauso, wie ich mir eine Grande Dame der Leinwand und Bühne vorgestellt hatte. Mit großen Augen hinter der riesigen Sonnenbrille und rauchigem Timbre. Ich saß einer Ikone gegenüber. Hildegard Knef, ein Name, der uns »Nachkriegskinder« lange begleitet hatte.

Dann die Reportage über den Besuch Nelson Mandelas in Berlin 1996. Meine damalige Freundin und Mitautorin Martina Dase war zuvor zur

Im Interview mit Modezar Karl Lagerfeld 1987
und US-Botschafter John Kornblum 1999

Recherche extra nach Südafrika gereist. Beeindruckend auch die große Anteilnahme beim Begräbnis des Dramatikers Heiner Müller auf dem Dorotheenstädtischen Friedhof in Mitte, ebenfalls 1996.

Auf diesem Friedhof sollte ich im Laufe meines Reporterlebens noch an vielen Bestattungen teilnehmen. So auch nach dem Tod des Schriftstellers Stephan Hermlin im April 1997. Für das ARD-»Morgenmagazin« schaltete ich live vom Friedhof, an meiner Seite Hermlins Sohn Andrej. Weiß der Teufel, wie die Redaktion auf eine solche Idee gekommen war. Andrej Hermlin sprach über das Verhältnis zu seinem Vater, über die Trauer, über den Verlust. Das Gespräch hat mich mit ihm verbunden. Später konnte ich ihn auch als Musiker und Leader seiner Swing Band mehrmals interwieven.

Es passierte so viel in den ersten Jahren nach der Wende, die Stadt begann sich zu verändern. Nicht immer zum Positiven. Berlin bekam nicht die Olympischen Spiele, das Schiller-Theater wurde geschlossen, und auch das traditionelle »Café Möhring« am Kurfürstendamm machte dicht.

Schaustelle Berlin

Am Potsdamer Platz begannen die Bauarbeiten für ein neues Stadtzentrum zwischen Ost und West, quasi als Scharnier zwischen den einst geteilten Welten. Überall in der wiedervereinten Stadt wurde jetzt an früheren Trennlinien zusammengefügt, was einmal zusammengehört hatte. Der Potsdamer Platz war Jahrzehnte Grenzland, Todesstreifen, Versuchsstrecke für eine Magnetbahn, Rollheimer-Domizil und Polenmarkt gewesen. Jetzt sollte hier ein Stück neues Berlin entstehen. Investoren um Daimler-Benz und Sony sollten den Ort zu einem neuen Zentrum in der alten Mitte machen. Überall ragten Kräne aus der Brache, das jetzt als Bauland zur »Schaustelle Berlin« wurde, mit einer sogenannten Info-Box am Potsdamer Platz, von der aus der Blick tief in die Baugruben ging. Millionen schauten sich das im Laufe der nächsten Jahre an. Daniel Barenboim, damals noch Chefdirigent der Staatsoper Berlin, inszenierte und dirigierte hier im Oktober 1996 ein »Ballett der Baukräne«. Zu Beethovens Neunter drehten sich die Stahlgerippe im Berliner Himmel, die Musik kam zwar vom Band, aber Barenboim dirigierte live mit zwei Fähnchen in der Hand die Kranführer, die so gut es ging versuchten, die Stahlarme ihrer Kräne im Takt zu schwenken. Ein Spektakel: Freude, schöner Götterfunken!

Überhaupt verstanden es die Marketing-Spezialisten der Stadt hervorragend, Baustellen als touristische Highlights zu verkaufen. Am Lehrter

Stadtbahnhof begannen Arbeiten für den neuen Hauptbahnhof. Für die neuen Schienenwege mussten Tunnelröhren unter der Spree versenkt, das Flussbett dafür ein gutes Stück umgelegt werden. Ganz in der Nähe dann am 4. Februar 1997 der erste Spatenstich für das Bundeskanzleramt. Die damalige Bundestagspräsidentin Rita Süssmuth machte auch das Reichstagsgebäude, dem eine neue Kuppel nach den Entwürfen von Sir Norman Foster aufgesetzt wurde, zur »Schaustelle«. Ich konnte vom Dach des hohen Hauses über das Richtfest berichten, staunte über die Transparenz dieser Konstruktion aus Stahl und Glas, von der quasi der Blick in die »Herzkammer der Demokratie«, den Plenarsaal, ging. Nach all den Jahren der Teilung, in denen das Reichstagsgebäude kein Ort des Parlaments mehr war, nur gelegentlich mit der Bundesversammlung zur Wahl des Bundespräsidenten genutzt wurde und die Ausstellung »Fragen an die deutsche Geschichte« beherbergte, war das ein außergewöhnlicher Moment. Und auch die Antwort auf die Frage, ob Berlin wieder Hauptstadt eines geeinten Deutschlands werden könnte. Jahrzehnte schien das ausgeschlossen, mit der Mauer direkt hinter dem Gebäude, einer Grenze, die mitten durch eine Stadt, durch ein Land, quer durch Europa verlief. Nun war es möglich geworden, am 20. Juni 1991 mehrheitlich im Bundestag, noch in Bonn, beschlossen. Berlin, die alte Hauptstadt wurde auch die zukünftige.

Auf der Ostseite der verschwunden Mauer in der Chausseestraße fiel das frühere Stadion der Weltjugend Abrissbaggern zum Opfer, die nur eine staubige Fläche hinterließen, die kurioserweise zunächst zu einem Golfplatz auf Zeit wurde. Heute steht dort die Zentrale des Bundesnachrichtendienstes.

Auch zu DDR-Zeiten fast vergessene Orte wie die Hackeschen Höfe öffneten sich wieder für ein breites Publikum, mit Restaurants, Kneipen, Kino, Kabarett und Museum. Ganz hinten, im letzten Hinterhof, hatte der Fotograf Stephan Erfurt sein erstes Berliner Studio. Erfurt, Spross einer Raufasertapeten-Dynastie aus Wuppertal, avancierte in den Neunzigern zu einem gefragten Fotografen der Hauptstadt. Er war für mich und meine Partnerin Martina Dase auch Dreh- und Angelpunkt unseres Films in der Reihe »Bilderbuch Deutschland« über Berlin-Mitte, produziert vom SFB für die ARD.

Mit Erfurt entdeckten wir die alte Mitte neu. Besonders aufregend waren die Dreharbeiten hoch über der Kugel des Fernsehturms, wo gerade Bauarbeiten stattfanden und wir so in ungeahnte Höhen aufsteigen konnten. Von einer Arbeitsplattform eröffneten sich unserem Kameramann fantastische Perspektiven. Es war wieder Hermann Dernbecher, der von der Bösebrücke. Stephan Erfurt wollte noch höher hinaus und stieg mit seiner Foto-Kamera bis in die Spitze des Sendemasts in eine Höhe von damals 365 Metern. Vom obersten Positionslicht im Anschnitt entstanden so außergewöhnliche Bilder, zu einer Zeit, in der wir noch nicht mit Drohnen in jede beliebige Höhe fliegen konnten. Erfurt hatte später seine erste Fotokunst-Galerie in der Linienstraße und leitet heute die Galerie C/O Berlin, von 1997 bis 2001 im ehemaligen Postfuhramt in der Oranienburger Straße in Mitte, heute im früheren Amerika Haus am Bahnhof Zoologischer Garten.

Am Pariser Platz öffnete am 23. August 1997 in Anwesenheit des damaligen Bundespräsidenten Roman Herzog das wieder erstandene Nobelhotel Adlon seine Pforten, im »Retro-Stil«, was viele Kritiker auf den Plan rief. Und doch passt das Gebäude heute gut in den Reigen der modernen Architektur rund um den Pariser Platz am Brandenburger Tor mit der französischen und amerikanischen Botschaft, der neuen Akademie der Künste und dem wieder errichteten Liebermann-Haus.

Überall war Wandel zu spüren. Die Friedrichstraße belebte sich neu, die Galeries Lafayette kamen, es entstanden neue Blöcke wie das Quartier 108 mit dem Investor August Jagdfeld, der auch das Hotel Adlon baute. An anderer Stelle, im Westen der Stadt, machten Kaufhäuser wie Hertie oder Bilka dicht. Auch im Osten verschwanden gewohnte Dinge aus dem Straßenbild, so die Ikarus-Busse und die Tatra-Straßenbahnen. Was blieb, waren die DDR-Ampelmännchen.

Go East

Die Ikarus-Busse sollten mir an ganz anderer Stelle noch einmal begegnen, über 1000 Kilometer weiter östlich in Minsk. Dort fuhren die ausgemusterten Berliner Linienbusse lange durch die weißrussische Hauptstadt, zum Teil immer noch mit Berliner Werbung. 1997 war ich auf Drehreise dort, besuchte die »Kinder von Tschernobyl«.

Am 26. April 1986 war an der Grenze zwischen Weißrussland und Russland der Reaktorblock 4 des Atommeilers Tschernobyl außer Kontrolle geraten, geschmolzen, explodiert. 4000 Menschen starben. Eine radioaktive Wolke zog Richtung Westen über Europa hinweg. Wir lernten Begriffe wie Halbwertzeit oder Becquerel und ließen unsere Lebensmittel auf ihre radioaktive Kontaminierung prüfen. In Berlin blieb die Katastrophe fast folgenlos. Aber die Menschen, die am Ort des Unglücks lebten, ihre Häuser, ihre Dörfer und Städte waren kontaminiert.

In einer Reportage ging ich der Frage nach, wie es den Kindern aus der Katastrophenregion zehn Jahre nach dem Supergau ging. Viele litten an den Folgen der extrem erhöhten Strahlendosis. Wir drehten in Krankenhäusern, die mit solchen Patienten völlig überfordert waren und kaum helfen konnten. Die Kinder aber verloren den Mut nicht. Ihre Mütter organisierten sich, machten auf das Problem aufmerksam. Schließlich entstand sogar ein Theaterstück mit dem Titel »Die Kinder von Tschernobyl«. In Minsk drehten wir noch die Proben, mit einem belarussischen Team. Das Stück kam später auch in Berlin auf die Bühne. Und obwohl auch Weißrussland viele Opfer nach dem deutschen Überfall im Zweiten Weltkrieg zu beklagen hatte, war das Verhältnis zwischen uns und den belarussischen Kollegen nie von Vorwürfen, sondern von Freundschaft geprägt. Zur Premiere in Deutschland kamen alle Kinder aus dem Film aus Belarus auf Einladung des Senats nach Berlin.

Ein Käfig voller Narren

Da ich ja früher als Komparse am Schiller-Theater gejobbt hatte, lagen mir auch als Reporter Themen rund um die darstellende Kunst am Herzen. Meine Lieblingsspielstätte damals war das Theater des Westens an der Kantstraße unter der Leitung von Helmut Baumann, der auch in seiner Zeit als Intendant häufig selbst auf der Bühne stand. Umwerfend in »La Cage aux Folles«. Großartig auch »Cabaret« mit der wundervollen Helen Schneider. Ich mochte dieses Haus mit seinen verwinkelten Gängen, den Spiegelwänden, dem »Herren-Cabinet«, wie die WCs für Männer benannt sind, und auch der kleinen Kantine zum Hinterhof, voll mit Leuten, die entweder auf das Zeichen des Inspizienten für ihren Einsatz warteten oder schon das erste Getränk nach ihrem Auftritt zu sich nahmen.

Im Theater am Kurfürstendamm versuchte der Musical-Impresario Friedrich Kurz, der erfolgreich »Cats« in Hamburg oder »Starlight Express« in Bochum produziert hatte, »Sag mir wo die Blumen sind«, eine musikalische Hommage an Marlene Dietrich, auf die Berliner Boulevard-Bühne zu bringen. Als Hauptdarstellerin hatte er Frederike von Stechow engagiert, die allerdings wenige Tage vor der Premiere einen Rückzieher machte. Als Reporter für den »Kulturreport« der ARD sollte ich die Gründe für diesen überraschenden Wechsel in der Besetzung recherchieren. Frederike von Stechow war abgetaucht. Nach vielen Telefonaten konnte ich sie endlich ausfindig machen und überreden, mir ein Interview zu geben. Wir trafen uns im »Shell«, damals ein Café am Savignyplatz. Frederike war eine große, hübsche, kluge Frau. Nach unserem Gespräch fuhr ich sie mit meinem Motorroller zu ihrer Berliner Wohnung am Tegeler Weg. Ich verliebte mich. Das Verhältnis währte einige Monate, schließlich bekam sie ein Engagement am Berliner Ensemble. Und verliebte sich auch. In einen Schauspiel-Kollegen. Das ging allerdings nicht lange gut. Später machte Frederike Karriere an Bühnen in Salzburg und Graz. Heiratete, bekam einen Sohn. Sie starb, viel zu jung, 2009 an Krebs.

Im Ostteil der Stadt galt das Deutsche Theater als »Leuchtturm« der Theaterlandschaft, wie auch die Brecht-Bühne, das Berliner Ensemble am Schiffbauerdamm. Bekannt war auch der Admiralspalast in der Friedrichstraße, wie das Theater des Westens im Krieg verschont geblieben. Ein Haus mit Geschichte – hier hatten vor dem Ersten Weltkrieg der erste Eispalast Europas und in der Weimarer Republik ein blühendes Revue-Theater ihren Platz. Im April 1946 fand im Admiralspalast der Vereinigungsparteitag von KPD und SPD zur SED statt; zu DDR-Zeiten dann wurde hier Musical- und Musiktheater-Geschichte geschrieben. Besonders spannend der Weg durch das Kellergewölbe zum Orchestergraben mit dem berüchtigten »Löhlein-Bogen«: einem Heizungsrohr, das tief in einem der Gänge hängt und an dem sich der Legende nach ein Dirigent auf dem Weg zu seinem Auftritt in den Orchestergraben den Kopf so stark gestoßen haben soll, dass er bewusstlos im Keller liegen blieb und das Orchester vergebens auf den Maestro wartete. So erzählten es mir zumindest Bühnenarbeiter im Haus. Warum der Bogen nach dem Pianisten Löhlein benannt wurde, konnten mir die Kollegen nicht sagen, der war nämlich schon 1871 gestorben. Egal, die Geschichte hat mir gefallen.

Für die »Abendschau« berichtete ich oft von Premieren an Deutschem Theater und Berliner Ensemble, ebenso aus der Deutschen Oper oder dem Schlosspark Theater. Zur größten Bühne Berlins wurden die Straßen der Stadt bei der Loveparade. Ich war live dabei, wenn Hunderttausende auf dem Zug der Liebe unterwegs waren. Eigentlich war mir dieses Spektakel aber immer eine Spur zu laut, zu nackt und zu überdreht. Als Rocker ging mir das pausenlose Elektrobeat-Gewummer auf die Dauer auf die Nerven. Zudem war die Kommunikation unter hoher Dezibel-Belastung nicht leicht, entweder ich hörte bei Live-Schalten die Frage nicht, die mir aus dem Studio gestellt wurde, oder verstand nicht, was meine Gesprächspartner mir versuchten brüllend zu sagen. Und doch war die ausgelassene Lebensfreude der Raver dort ein Vergnügen auch für mich. Bei der ersten Loveparade von Dr. Motte unter dem Motto »Friede, Freude, Eierkuchen« liefen nur einige Hundert über den Kurfürstendamm, im Laufe der Jahre steigerte sich die Teilnehmerzahl auf mehr als eine Million. Und für den SFB war die Berichterstattung ein Muss. Auch Anne Will stand dabei oft als Reporterin vor der Kamera,

Volker Wieprecht kommentierte stundenlang fürs Radio.

Ob Raver oder Revoluzzer, Menschenmengen haben mir nie etwas ausgemacht; im Gegenteil, sie gaben mir sogar ein Gefühl von Geborgenheit, selbst in den gelegentlich kritischen Situationen auf den »Kampfdemos« am 1. Mai in Kreuzberg. Beim 1. Mai war die »Abendschau« seit dem Brand bei »Bolle« 1987 stets dabei. In Kreuzberg stand unserer Ü-Wagen dann geschützt in einem Hinterhof in der Oranienstraße. Für die Live-Schalten zogen wir schnell die Kabel für zwei Kameras auf die Straße, sendeten aus der Menschenmenge und traten danach wieder den Rückzug in den Hof an. Wenn wir Demonstrationszüge mit der Kamera begleiteten, waren wir gelegentlich Ziel von Angriffen einiger Autonome, die uns auch schon mal die Scheiben unseres Autos einschlugen. Als Reporter machte ich mir aus der Menge heraus so gut es ging ein Bild von den Ereignissen, auch in den Momenten, in denen es brenzlig im wahrsten Sinne des Wortes wurde. Aber getreu der Prämisse von Mao Tse-tung, bewege dich unter den Menschen wie ein Fisch im Wasser, hat das immer gut geklappt. Auch ohne Security.

Es waren in den Neunzigern am 1. Mai Menschenmassen unterwegs zwischen Oranienplatz, Kotti und rund um den Mariannenplatz. Die Einsätze an solchen Tagen gingen oft bis weit nach Mitternacht, solange es halt irgendwo brannte oder Randale gab. Dann lief ich nachts durch Kreuzberg, unerkannt, um aus erster Hand berichten zu können. Das Umdie-Häuser-Ziehen im Dunst von brennenden Barrikaden, Müllcontainern und Resten von Tränengas in der Luft hatte ich ja in der Hausbesetzer-Zeit in den 1980er Jahren gelernt.

Mein Berichtsfeld in diesen Jahren war weit gesteckt, vom 1. Mai zum Presseball über das Gartenfest beim Bundespräsidenten bis zu Reportagen über Altersarmut oder Obdachlosigkeit. Von manchen solcher Einsätze kam ich sehr nachdenklich zurück. Das ging mir ganz besonders so, als 2008 in der Steglitzer Lepsiusstraße eine Gasexplosion ein Wohnhaus komplett zerstörte. Unter den Trümmern sieben Tote. Die Feuerwehr versuchte damals, mit Spürhunden und speziellen Audiosensoren noch Überlebende zu finden. Das bedeutete, dass alle, auch die Presse, in diesen Momenten ganz still sein mussten, um eventuelle Kratzgeräusche oder Hilferufe nicht zu überhören. Eine gespenstische Situation. Den Einsatz leitete der damalige Landesbranddirektor Albrecht Broemme. An mehreren Tagen haben wir von dieser Unglücksstelle live berichtet. Ausgelöst worden war die Explosion durch einen Jugendlichen, der im Keller des Hauses an einer Gasleitung gesägt hatte. Warum, konnte sich niemand erklären. Auch der Junge gehörte zu den Opfern. Die Eltern waren in dieser Nacht nicht zu Hause gewesen. Ich konnte die beiden befragen, das Gespräch ging mir sehr nahe. Die Eltern machten sich große Vorwürfe, dass sie ihren Sohn allein gelassen hatten, nicht da waren, um das furchtbare Unglück zu verhindern. Kann jemand so etwas vergessen, selbst je wieder glücklich werden?

»Berlin life« 2001: Im Interview mit Peter Strieder (SPD, Zweiter von rechts) und Michael Cramer (Grüne, ganz rechts)

Für mich hieß es jeden Dienstag »Berlin life«. Ab 1994 war ich jede Woche mit einer Art mobilen Talkshow auf den Straßen und Plätzen Berlins unterwegs. Zusammen mit meiner Kollegin Petra Schwarz diskutierten wir an Berliner Brennpunkten über Probleme und Ereignisse, die die Menschen vor Ort bewegten. Neben Bürgerinnen und Bürgern kamen verantwortliche Politiker zu Wort, die in diesen Jahren zum Beispiel Peter Strieder (Senator für Stadtentwicklung), Jörg Schönbohm (Senator für Inneres) oder Tilo Sarrazin (Senator für Finanzen) hießen. Um uns meist eine Menge Leute. Manchmal laut protestierend. Am Kottbusser Damm flogen auch schon mal faule Tomaten, aber glücklicherweise keine Steine. Das Sendeformat hielt sich bis 2003.

Stone alone

Immer wieder spielten die Rolling Stones in meinem Leben eine Rolle. Als Fan hatte ich die Band und ihre Geschichte seit Teenager-Zeiten verfolgt. Hatte in Berlin fantastische Konzerte in der Deutschlandhalle oder in der Waldbühne erlebt. Und jetzt konnte ich als Reporter über die Stones berichten. Im August 1998 kam die Band gleich zu zwei Konzerten in die Waldbühne. Um auch beim zweiten Auftritt 20.000 Karten zu verkaufen, bot das Management als Werbemaßnahme dem SFB exklusive Interview-Termine an. Als Erstem mit Mick Jagger! Der kam mit einer Privatmaschine aus London und landete in Tempelhof. Für das Interview waren die »Abendschau« und Sat.1 eingeladen. Die Kollegen vom Privatfernsehen entschieden sich kurzfristig für die ebenfalls gerade in Berlin angekommene Pamela Anderson. Gut für mich, so hatte ich einen »Stone alone«.

Jagger stieg aus seinem Jet, und wir waren das einzige Kamerateam auf dem weiten Tempelhofer Feld. Klar stellte ich die Frage, ob er sich noch an das desaströse Waldbühnen-Konzert in den Sechzigerjahren erinnern könne. Konnte er. Wir redeten über den bevorstehenden Auftritt in der Waldbühne und darüber, was das Publikum erwarten dürfte. Und Jagger, der ein wenig Deutsch spricht, fragte zurück: »Wollt ihr mitsingen?« Ein Foto von dieser Begegnung hängt bis heute bei mir zu Hause an der Wand. Zwei Tage darauf landete der Rest der Truppe in Schönefeld: Keith Richards, Charlie Watts und

Ron Wood hatten offensichtlich während des Flugs von Stockholm nach Berlin viel Spaß und viel alkoholische Getränke gehabt. Wir waren wieder für ein Interview vor Ort. Auf meine Frage an Richards, ob denn die aufwendige Bühnenkulisse ganz ohne Probleme in die Waldbühne gebracht werden könne, antwortete er leicht lallend: »Please ask Charlie, he knows all the details.« Und er wusste es tatsächlich. Die Bühnendeko passte, das Konzert war großartig. Für mich als Fan, mit der Musik der Stones aufgewachsen, waren das echte Sternminuten.

Ach ja, die Stones. Die kamen natürlich öfter nach Deutschland. So 1997, leider nicht nach Berlin, aber nach Leipzig. Ich produzierte gerade eine Beitragsserie für das SFB-Charity-Programm »Sterntaler«, bei dem wir Spenden für erkrankte Kinder sammelten. Mein Cutter war ebenfalls Stones-Fan, und wir machten einen Deal: Er besaß als Pilot eine kleine Cesna, ich hatte gute Beziehungen zur Konzertagentur. Am Abend des Events starteten wir von Schönefeld in den Rock-Himmel, umrundeten mit der Einpropeller-Maschine die Leipziger Konzert-Arena. Was für ein Anblick, welch ein Gefühl! Unter uns das gefüllte Rund mit Zehntausenden, die auf ihre Stars warteten. Wir landeten auf dem Leipziger Flughafen. Dort wartete bereits ein Auto auf uns und brachte uns direkt zur VIP-Lounge und damit mitten rein in unvergessliches Stones-Erlebnis.

Aber nicht nur Rockkonzerte standen auf meinem Reporter-Programm. Ich führte für den Sender in diesen Jahren mehrmals live durch das Militär-

Reporter-Glück! Mit Mick Jagger auf dem Flughafen Tempelhof im September 1998

musik-Festival in der Max-Schmeling-Halle, wo Kapellen der Streitkräfte aus aller Herren Länder marschierten und aufspielten. Eine ganz andere Welt … Tschingderassabum.

Star, Star

VON VOLKER WIEPRECHT

Auf das Phänomen Ulli Zelle kann man sich sehr leicht einen Reim machen. Zelle. Zur Stelle. Zur Quelle. Auf die Schnelle. Rückt andern auf die Pelle. Ohne Delle. Ein einzigartiger Geselle. Ulli kennt all diese Spielarten auf seinen Namen. Aber die bekannten Reime auf ihn sind abgedroschen. Er lächelt zwar immer höflich, wenn ich mit diesen Albernheiten um die Ecke komme, geht dann nach einer kurzen Anstands- oder Verlegenheitspause – so genau hab ich das noch nicht rausgefunden – aber sofort zum Diktat über. Dabei steht er neben mir und hat noch seine Jacke an. »Also, in meinem Beitrag geht es um Folgendes. Wie du sicher weißt ...« Selten weiß ich es. Aber egal, ich nicke! Jetzt sind Zusammenhänge, Sachkenntnis und Detailgenauigkeit erforderlich – damit der Moderator, also ich, gegebenenfalls richtig vereinfachen und das Thema zugänglich machen kann. In der Umsetzung braucht es dann noch zwingend eine gestalterische Idee. Aber die brütet Ulli flugs im Alleingang aus. Ideen hat er immer.

Die ersten drei Jahre unserer auch auf meiner Bewunderung fußenden und in seiner stetigen Kompetenz ruhenden Berufsbeziehung klingelte jeden Samstagnachmittag zwischen 14 und 16 Uhr mein Telefon. Ich war noch relativ neu bei der »Abendschau«, seit Februar 2019, und zunächst für den Wochenenddienst engagiert worden. »Hier ist Ulli, was hat denn der feine Herr Moderator da wieder getextet, oder möchte er zufälligerweise vorher wissen, worum es in dem Beitrag geht?« Wollte ich. Zufälligerweise. Ulli legte dann in kurzen, gesetzten Worten den Kerninhalt seines Beitrags dar. Nicht selten ging und geht es um Gebäude. Bauwerke. Areale. Stein. Denen haucht Ulli dann Leben ein. Mist, schon wieder ein Reim.

Im Laufe der Jahre habe ich mich so sehr an diese Anrufe gewöhnt, dass an den wenigen freien Wochenenden meine Holde und ich oft auf Wochenendausflügen Ulli nachgespielt haben. Ohne Zelle fehlt dir was! Sie stellte sich vor irgendein Gebäude, das sie interessant fand, und sagte in ein imaginäres Mikrofon: »Anwohner haben uns gerufen!« Denn das ist Ullis andere große Leidenschaft (ich gehe sogar schwer davon aus: seine noch größere!): Menschen. Ihre Geschichte, ihre Motive; was sie umtreibt, verzapfen, erleiden, bewegt. Das Leben der anderen auf Augenhöhe und ohne Arg erfragt. Wenn Ulli anklopft, öffnet man ihm die Tür. Kein Mensch käme auf die Idee, dass der Mann böswillig sein könnte oder in irgendeiner Art und Weise Hintersinniges zum Nachteil der Befragten im Schilde führt. Er ist einfach gern gesehen, und das überall. Er sieht hin, beschreibt, was ist, fragt nach. Und dann huschhusch zurück in den Sender. Und zackzack wieder raus. Nächstes Thema.

Für gewöhnlich geht er dabei immer an der Kaffeekanne auf dem Schreibtisch des Chefs vom Dienst vorbei, hebt sie kurz hoch, um schüttelnd zu erforschen, ob für ihn noch was drin ist. Meistens ist die Kanne leer. Ich könnte es damit erklären, dass niemand mit ihm gerechnet hat. Man weiß nie so genau, wann er kommt und wann er geht. Aber eigentlich ist er auch immer da. Im Sender. Meistens im Schnitt. Ullis Anwesenheitszeiten sind genauso undurchdringlich wie die Tiefe seiner

Kenntnisse schier unermesslich. Und wenn er mal was Neues erfährt, freut er sich von Herzen. So kam es beispielsweise am 5. Februar des Jahres 2024 zu einem SMS-Wechsel zwischen ihm und mir. In der Sendung vom Tag hatte Ulli einen Beitrag über die Entwicklung des Hochhauses neben dem Neuköllner Estrel Hotel. Ich schickte ihm vorab meine Anmoderation. Man möchte im Interesse der Zuschauer ausschließen, dass es zu inhaltlichen Doppelungen, fehlenden Informationen oder auch falschen Anschlüssen zwischen dem Anmoderationstext und den ersten Sätzen des Beitrags kommt. Mittlerweile schreibe ich ihm ohne Anrede. Wir kennen beide das Verfahren. Also diktierte ich in mein Handy, was ich später in der Sendung vom Prompter ablesen würde:

»Große Stadt gleich viele hohe Häuser. Diese Formel stimmt in Berlin nur bedingt: Hoch hinaus wollen viele, aber weit gekommen sind damit wenige. Trotz des Gebots, in der wachsenden Stadt auf wenig freiem Baugrund mehr Nutzfläche zu schaffen: bei den vier laufenden, großen Hochhausprojekten scheint gerade nur eines zu gedeihen: das Estrel Hochhaus in Neukölln. Es soll bis 2025, also ein Jahr später als geplant, mit 176 Metern das höchste nichttechnische Gebäude der Stadt werden.«

Ullis Antwort kam dreißig Minuten später:

»Nichttechnisches Gebäude! Zu welch wunderbaren Wortschöpfungen doch unsere Sprache auch die entsprechenden Bausteine bereithält.«

Das eint uns: Wir kommen beide in diesem Leben aus dem Staunen nicht heraus.

Was uns aber für immer trennen wird: Er hält die Rolling Stones für eine bedeutende Band. Da irrt er. Mir wür-

»Wie du sicher weißt ...«: Kollege Zelle in seinem Büro im SFB

de nichts fehlen, wenn es sie nicht gäbe. Außer vielleicht ihr Song »2000 Lightyears from home«. Oder ein paar andere frühe Liedchen.

Als Mick Jagger jedenfalls am 26. Juli 2023 schlappe 80 Jahre alt wurde, berichtete Ulli in einem historisierenden Stück über Jaggers Treiben in Berlin während all der Jahrzehnte. Oft genug hatte er die Stones an roten Teppichen selbst interviewt. Ich fand es lustig, mich dem Thema über die Vorstellung der nicht gerade über alle Maßen bedeutsamen Rolling-Stones-Coverband namens »Starfucker« zu nähern; »Starfucker« hieß auch ein Song der Stones von 1973. Später wurde er schicklicher in »Star, Star« umbenannt. Für mich damals schon ein Beweis, dass Superstar Jagger mit insgesamt acht Kindern sich ganz gut einschätzen konnte. Und ein selbstironischer, versteckter Hinweis auf das Leben der Musiker hinter der Bühne. (Aber eigentlich geht es um ein umtriebiges Groupie.)

Ulli fand meine Anmoderation nicht lustig. Und schrieb mir das auch. »Sorry, wen interessiert eine den meisten ZuschauerInnen unbekannte Coverband. Da hätten es mehr Infos zur Person von Jagger vielleicht eher getan. Liebe Grüße, Ulli.« Die Nachricht schrieb er um 23 Uhr 30 – aus seinem Auslandsurlaub. Ich antwortete nur etwas indigniert: »Dir auch noch einen schönen Abend, lieber Ulli!« Eine Stunde später rief er zurück. Da lag ich aber schon friedlich schmatzend mit dem Gesicht im Kopfkissen. Meine Leistungsfähigkeit ist nachts stark eingeschränkt. Ullis nicht. Und auch sonst nie. Vielleicht hatte er an dem Abend aber doch noch irgendwo einen Kaffee abbekommen. Verdient hat er's.

Berlin baut auf

Das Jahrtausend ging zu Ende. Wieder Neues, wieder Veränderungen. Die Bundesrepublik bekam nach Roman Herzog als nächsten Bundespräsidenten Johannes Rau, das Jüdische Museum wurde eröffnet, auch der restaurierte Martin-Gropius-Bau, und an der Stelle der noch zu DDR-Zeiten abgerissenen Kriegsruine der Schinkel'schen Bauakademie wurde zumindest eine gemauerte Ecke aus rotem Ziegelstein wiederhergestellt. Damit sollte ein Anreiz für den Wiederaufbau der Akademie geschaffen werden. Ich habe über diese Mauer und die mir bis dahin unbekannten Schwierigkeiten, den richtigen Ziegelstein beziehungsweise dessen richtige Ton-Färbung für die Rekonstruktion des Gebäudes zu finden, einen längeren Film gemacht. Gebaut wurde die Akademie bis heute nicht.

Auch den geplanten Wiederaufbau des Stadtschlosses verfolgte ich über Jahre. Es fing an mit der ziemlich verrückten Idee des Hamburger Landmaschinenhändlers Wilhelm von Boddien, das verschwundene Schloss, dessen noch einigermaßen erhaltener Torso 1950 gesprengt wurde, wieder auferstehen zu lassen. Zunächst aus Plastikplanen! Nach einem Berlin-Besuch als Student hatte Boddien der Gedanke eines Wiederaufbaus der Hohenzollern-Residenz nicht mehr losgelassen. Nach der Wende nun sah er eine realistische Chance, das Vorhaben in die Tat umzusetzen. Noch stand der Palast der Republik, davor ließ Boddien ein Fake-Schloss errichten:

Aus 9000 Quadratmetern Polyesterplanen entstand eine Potemkin'sche Riesenfassade. Eine Illusion, für hundert Tage, die aber Wirkung zeigte: Ja, so könnte es hier irgendwann wieder aussehen ...

Auch das Kronprinzenpalais und die Alte Kommandantur, in dem heute Bertelsmanns Berlin-Repräsentanz residiert, waren ja im Krieg zerstört und abgetragen, aber nach 1945 beziehungsweise dem Mauerfall wieder aufgebaut worden. Und wie der Palast der Republik bröckelte auch langsam der Widerstand gegen eine Schloss-Renaissance. Beharrlich bearbeitete Boddien Politiker, Spender und Entscheidungsträger, schließlich stimmte der Bundestag 2002 einem Wiederaufbau zu. Aber es sollte keine einfache Replik des Vorgängerbaus werden, sondern eine Mischung aus Moderne und Rekonstruktion: das Humboldt-Forum. In einem ersten Schritt wurden die alten Keller des gesprengten Schlosses freigelegt. Dann entstand eine Info-Box nebenan, von der aus Besucher den Baufortschritt beobachten konnten. Für 680 Millionen Euro wurde Boddiens Traum wahr, und, so finde ich, das Humboldt-Forum ergänzt wohltuend die Reihe der noch erhaltenen historischen Gebäude Unter den Linden wie Staatsoper, Humboldt-Uni, Zeughaus und die Alte Kommandantur – sie alle führen hin auf den gedachten Mittelpunkt der Stadtmitte: das Schloss. Mit Kuppel samt Kreuz. Eine Sichtachse, wie von den Baumeistern Berlins einst gedacht. Wir werden uns daran gewöhnen.

Jahrtausendwechsel

Was, so fragte sich Berlin wie die ganze Welt, was würde passieren, wenn die Uhren und Computer von 1999 auf 2000 umgestellt wurden? Und wie war, so die zentrale Frage in Berlin, die größte anzunehmende Feier rund um das Brandenburger Tor organisatorisch auf die Beine zu stellen? Es hat funktioniert und wurde eine Mega-Party, ein Start ins neue Jahrtausend ohne Computerpannen oder Blackouts. Doch dann brach kurz vor Beginn des Events am Silvesterabend die Kommunikationsstruktur der Berliner Feuerwehr zusammen. Einsätze konnten nicht richtig koordiniert werden, eine Katastrophe. Die »Abendschau« berichtete. Auch von der Millenniumsfeier rund ums Brandenburger Tor. Hunderttausende waren gekommen. Viele liefen mit komischen glitzernden Brillen in Form der Jahreszahl 2000 herum. Ich konnte für den SFB das neue Jahrtausend live vom Brandenburger Tor begrüßen. Kein schlechtes Gefühl!

Der Platz auf der westlichen Seite des Tores bekam erst im Jahr 2000 den Namen Platz des 18. März, dem Datum der ersten deutschen Revolution 1848. 2000 wurde auch das Haus Liebermann auf der nördlichen Seite des Tores eingeweiht, und etwas weiter, in der Wilhelmstraße, eröffnete später die Queen die neue britische Botschaft. Bei diesem Besuch von »Her Majesty« konnte ich der Königin im Foyer der Berliner Philharmonie bis auf wenige Meter nahe kommen. Das war schon besonders. Die

Queen hat die Menschen meiner Generation gefühlt über Jahrzehnte begleitet.

Ganz bürgerlich gab sich bei seinem Staatsbesuch 2000 der damalige Präsident der Vereinigten Staaten, Bill Clinton, den Kanzler Gerhard Schröder abseits der offiziellen Termine zum Essen in den »Gugelhof« am Kollwitzplatz in Prenzlauer Berg, zusammen mit anderen Spitzenpolitikern zum Dinner einlud. Von dort konnte ich in den Abendstunden live »schalten«. Gesprochen allerdings habe ich weder mit dem Präsidenten noch mit der Queen.

Dafür aber mit Yoko Ono, der Witwe John Lennons, die ebenfalls zu Beginn des Jahrtausends in Berlin zu Gast war, in der Villa Starke in Grunewald, wo sie neue Kunstprojekte, Skulpturen und Installationen vorstellte. Überwiegend kleinere Werke, die nicht in Berlin blieben. Die Künstlerin erschien mir als höfliche, bescheiden wirkende Person. Und da saßen wir mit vielleicht zehn Leuten in einem Turmzimmer der Villa zusammen mit der Frau, die den Helden meiner Jugend, John Lennon, so lange begleitet hatte, bis zu dessen Ermordung in New York, die tagelang im Bett im Amsterdamer Hilton mit John für mehr Liebe in der Welt demonstriert hatte. Give peace a chance. Jetzt saß ich ihr gegenüber.

Mit dem neuen Jahrtausend gab es etliche personelle Veränderungen. Dieter Kosslick wurde zum Berlinale-Chef berufen. 2001 musste Eberhard Diepgen als Langzeit-Bürgermeister den Platz für Klaus Wowereit räumen. Seinen Wahlsieg feierte der frisch gewählte neue Regierende Bürgermeister im E-Werk

Interview mit dem frisch gewählten neuen Regierenden Bürgermeister von Berlin, Klaus Wowereit, Oktober 2001

in Mitte, damals eine angesagte Party-Location. Donnernder Applaus, viele Blumen und Umarmungen für »Wowi«. Ich konnte den Neuen zu seinem Start ins Amt befragen, das erste Interview, dem viele im Lauf der Jahre folgen sollten. Wir kamen eigentlich recht gut miteinander aus. Ich kannte Wowereit noch aus seiner Zeit als Stadtrat in Tempelhof, hatte ihn auch damals schon vor der Kamera, zum Beispiel auf dem Gelände der ufaFabrik, dem einst besetzten Kulturzentrum. Damals noch kein politisches Schwergewicht, kam Wowi allerdings nur kurz zu Wort. Das sollte sich ändern.

Das neue Jahrtausend begann, für mich bedeutete das weiterhin viel Arbeit. Mehrmals die Woche »schaltete« ich live zu aktuellen Ereignissen oder Events in der Hauptstadt wie Bundespresseball, Berlinale oder Hoffest des Senats im Roten Rathaus. Zwischendurch Moderationen für das Kinderhilfsprogramm »Sterntaler«, bei dem wir über den Sender zu Spenden für an seltenen Erkrankungen leidende Kinder aufriefen. Ein Marathon. Und den lief ich ja auch noch jedes Jahr.

Ab jetzt alles anders

Auch privat änderte sich Entscheidendes. Ich lernte meine zukünftige Ehefrau Niki kennen, und zwar im »Gasthaus Lentz« am Stuttgarter Platz, jenem Lokal, das ich schon Mitte der Achtziger zu meiner Stammkneipe erkoren hatte. Ein Gastraum, dessen schlichte Bestuhlung und Einrichtung eher an eine Bahnhofskneipe erinnert. Schlichte weiße Wände, ein paar Bilder, meist alte Werbeplakate aus den Zwanzigern, ein Tresen, keine Musik. Doch durch die intensiven Gespräche der Gäste war der Raum immer von »Lärm« erfüllt. Hier traf ich seit vielen Jahren Freunde oder auch Arbeitskollegen. Und schließlich meine zukünftige Frau: Griechin, gerade mitten in ihrer Promotion an der Freien Universität am Otto-Suhr-Institut. Im ersten Gespräch stellten wir fest, dass sie im Alter von zwei Jahren aus Kavala in Griechenland mit ihren Eltern nach Deutschland gekommen war und dann verrückterweise im gleichen Landkreis in Niedersachsen aufwuchs, aus dem auch ich stamme, nämlich Schaumburg. Dort hatten uns nur sieben Kilometer getrennt. Allerdings auch fünfzehn Jahre Altersunterschied, und so sind wir uns dort nie wirklich begegnet. Aber jetzt. Und umso intensiver.

Bei ersten gemeinsamen Ausflügen fuhren wir ins Oderbruch. Dort hatte ich als Reporter während der großen Flut 1997 über Wochen für den Sender Freies Berlin gearbeitet und berichtet, aus überfluteten Niederungen, von Deichen, die durch Dauerregen so weich wie Pudding wurden und zu brechen drohten. Das gesamte Oderbruch hätte überschwemmt werden können. Unser Kamerateam wohnte in diesen Wochen in einem Hotel in Frankfurt/Oder. Die Einsätze führten uns durch das schließlich evakuierte Oderbruch, durch menschenleere Dörfer bis hoch nach Freienwalde. Eine Region im Ausnahmezustand. Mit Schlauchbooten fuhren wir zu den überschwemmten Häusern der Ernst-Thälmann-Siedlung mitten in der überfluteten Ziltendorfer Niederung oder flogen mit Hubschraubern der Bundeswehr über das Krisengebiet. Davon konnte ich jetzt meiner neuen Freundin berichten. Meine Geschichten aus dem Leben eines Regionalreporters verfingen offensichtlich. Wir wurden ein Paar. Wunderbar. Ein Jahr später: Niki wurde schwanger.

Es wird ein Mädchen, sagte der Arzt. Welch riesige Freude! Stolz nahm ich das Ultraschallbild mit nach Hause und stellte es in einen Rahmen. Doch dann die Diagnose Turner-Syndrom. Überlebenschancen gleich null. Unser Kind kam ausgerechnet an meinem Geburtstag, am 19. Juni 2000, tot zur Welt. Es gibt ein Foto und Abdrücke der kleinen Füßchen. Beides konnte und kann ich mir bis heute nicht ansehen. Sie sollte Stella heißen, und wir haben Stella begraben, auf dem Friedhof in der Röblingstraße in Tempelhof. Regelmäßig gehe ich sie besuchen.

Welch ein Verlust. Welche Trauer. Ich wollte eigentlich nie heiraten. Wir haben es dann doch getan, um uns Halt zu geben, uns gegenseitig zu stützen. Die standesamtliche Trauung fand in Wilmersdorf statt, hinter dem Rathaus in einer klei-

Mit Niki, Sommer 2000

nen feinen Gründerzeitvilla. Geladen waren unsere Eltern und die Trauzeugen. Die übliche Zeremonie, die Unterschrift, der Weg nach draußen – und dort die Riesenüberraschung: Fast die gesamte Redaktion sowie Kolleginnen und Kollegen aus der Technik waren zum Gratulieren gekommen und hatten viel Reis mitgebracht. Alles wurde per Kamera dokumentiert – und in der »Abendschau« gesendet.

Wir lebten anfangs in der Wilmersdorfer Straße Ecke Behaimstraße in einem Altbau unter dem Dach. Fünf Treppen ohne Fahrstuhl, klein, aber gute Lage. Von unserer kleinen Terrasse konnten wir im Westen den Funkturm und im Osten den Fernsehturm sehen. Die Wilmersdorfer Straße zu unseren Füßen bot mit ihren vielen kleinen Geschäften und Restaurants ein ideales Umfeld für das urbane Leben. Doch wegen unseres Kinderwunschs suchten wir eine größere Wohnung, ohne langes Treppensteigen. Und zogen schließlich in eine großzügige frühere »Offizierswohnung« in der Sybelstraße, eine Parallelstraße zum Kurfürstendamm, sehr gute Lage. Die Wohnung im zweiten Stock mit Balkon, Flügeltüren, Berliner Zimmer und Mädchenkammer, einer Küche mit Terrazzoboden sowie einem Dienstboteneingang. Großbürgerlicher Charme.

Sehnsucht nach dem Land

Obwohl ich ursprünglich vom Land komme, bin ich durch die Jahrzehnte in Berlin zum Großstadtmenschen geworden, und das mit Leib und Seele. Und doch ist da in mir die Sehnsucht nach dem Land. So hatte ich bereits in den 1990er Jahren, fast nebenher und beiläufig, ein Stück Land in Mecklenburg-Vorpommern gekauft. Die Geschichte dazu ist skurril, aber wahr: Bei einem Pfingsttreffen mit alten Freunden in der Nähe von Plau am See legte mein langjähriger Freund Karl eines Morgens beim Frühstück eine Tageszeitung auf den Tisch und tippte auf eine Anzeige im Immobilienteil. Dort wurde ein Käufer für 33.000 Quadratmeter Land mit Haus, Garten und einem kleinen Teich gesucht. Das sei doch genau das Richtige für mich, so Karl. Tatsächlich habe ich auf die Anzeige geantwortet und mich mit dem Makler verabredet.

Das Grundstück liegt in der Nähe von Krakow. Wir fuhren also in das kleine Dorf mit gerade mal vier Häusern. Eins davon stand leer und sollte mit den mehr drei Hektar Land verkauft werden. Die letzte Eiszeit hat diesen Teil Mecklenburgs mit sanften Hügeln lieblich gestaltet; es gab Berg und Tal und sogar zwei Teiche. Die Immobilie gefiel mir sofort, und ich kaufte sie, nicht ahnend, was da für Arbeit auf mich zugekommen wäre. Das kleine Haus musste total saniert, das zugewucherte Grundstück zum Teil gerodet werden. Bei 33.000 Quadratmetern schon eine Menge Holz.

Doch meine griechische Frau war wenig begeistert von dem Gedanken, ihre Wochenenden auf dem Land in Mecklenburg verbringen zu müssen. Sie wollte nicht mit Steve, Maik oder Ronny auf der Bank an der Bushaltestelle Bier trinken. Liebe oder Land, das war nun für mich die entscheidende Frage. Ich entschied mich für Liebe, verkaufte das Land mit Haus und Teichen. Allerdings nicht ganz, rund 9000 Quadratmeter Weide und unwirtliches Sumpfgebiet habe ich behalten. Auf dieses Teilgrundstück mit einer alten Holzscheune wollte ich irgendwann einen Wohnwagen stellen, um hier ein paar Sommertage zu verleben. Getan habe ich es bis dato nicht.

IM NEUEN JAHRTAUSEND

Graue Zellen

Obwohl es mit dem Landleben nichts wurde, bekam ich zu meinem 50. Geburtstag im Juni 2001 von meinen Freunden einen kleinen Trecker geschenkt.

Den Geburtstag feierten wir in der ufaFabrik in Tempelhof, einem ehemaligen Film-Kopierwerk, das in den 1980er Jahren besetzt worden war. Anfangs noch eine Art Kommune, mit Bäckerei und kleineren Handwerksbetrieben, war es jetzt auch Veranstaltungszentrum mit einem Buchladen und zwei großen Kinosälen. In einem davon stieg meine Party. Zum Fünfzigsten wollte ich mir endlich erfüllen, wovon ich schon seit meinem fünfzehnten Lebensjahr geträumt hatte: in einer Band spielen! Nur beherrschte ich kein Instrument, hatte als Jugendlicher bloß ein wenig mit Schlagzeugspielen begonnen. Ich fragte ein paar Musiker aus meinem Bekanntenkreis, ob sie bereit wären, mit mir das Experiment einer Geburtstagsparty-Band einzugehen. Und siehe da: Sie wollten!

Wir trafen uns einige Wochen lang regelmäßig in einem Übungskeller am Kurfürstendamm. Ich versuchte mich am Schlagzeug und übernahm gleichzeitig die Rolle des Sängers. Immerhin stellten wir ein Repertoire von fünfzehn Songs zusammen. Die Musiker alle Profis – bis auf mich. Und da mein Schlagzeugspiel nicht so die große Nummer war, wurde für den Auftritt in der ufaFabrik ein zweiter Drummer verpflichtet, der sicherheitshalber die Band rhythmisch führen sollte. Hinter dem Vorhang! Der Mann hieß Klaus Krüger und hatte schon mit Rockgrößen wie Iggy Pop gespielt. Nun saß er mir hinter den Kulissen im Rücken. Einen Namen für die Band hatte ich längst: Ulli und die Grauen Zellen! Ich fürchtete, langsam grau zu werden, okay, aber die grauen Zellen sind bekanntlich die aktiven.

Die Band sollte nur an diesem einen Abend, meinem Geburtstag, vor Publikum spielen. So der Plan. Ich hatte rund zweihundert Leute in den großen Kinosaal der Fabrik eingeladen. Um unserem Auftritt eine professionelle Anmutung zu geben, bekam jeder Gast einen Pass, eine Art VIP-Backstage-Ausweis mit Datum und Band-Namen, wie bei einem großen Rock-Konzert. Die Gäste stammten fast alle aus meinem Bekanntenkreis und vom Sender, eine sehr bunte Mischung.

Der damalige »Chef« der Fabrik, Juppi, hatte mir einen jungen Comedian empfohlen, auf den er große Stücke hielt. Dieser junge Mann, so Juppi, könne doch eine Laudatio auf mich halten. Das tat er dann auch. Ich war überrascht, auf welch forsch-freche Art er mich »würdigte« – so überrascht, dass ich mich heute nicht mehr an den Text erinnern kann. Aber an den Namen, der junge Mann hieß Kurt Krömer. Danach sprach der rbb-Moderator Raiko Thal ver-

Vor dem ersten Auftritt: Ulli und die Grauen Zellen, 2001

söhnlichere Worte: »... bester Kollege mit dem besten Ost-West-Überblick« und so weiter. Raiko gehörte zu den ersten Ost-Kollegen, mit denen ich seit 1990 zusammenarbeitete, und das sehr gut. Daran hat sich bis heute nichts geändert. Wir haben einen ähnlichen Humor. Die Sängerin Jocelyn B. Smith schickte einen musikalischen Gruß per Video, auch »die Lütte« alias Angelika Mann grüßte von der Leinwand. Über sie hatte ich erste Berichte nach ihrer Ausreise aus der DDR noch vor der Wende gemacht.

Dann der Auftritt der Grauen Zellen! Mit mir sang Kathrin Vessen, eine Profi-Musikerin; zur Band gehörten neben Mickie Duwe auch Thomas Passmann von Geier Sturzflug, Volker Hugo und Mano Opitz von Lilly Berlin. Die beiden Letztgenannten sollten der Band noch etliche Jahre treu bleiben. Unser Auftritt war natürlich ein Mega-Erfolg. Es ging los mit den Kinks und »You really got me«, den Song haben wir heute noch im Programm, ebenso wie Stones, Beatles, Doors. Musik meiner Generation eben. Das Publikum, Menschen, die mich bis zur Fünfzig auf manchen Wegen begleitet hatten, belohnten unsere Band mit *standing ovations*. Danke! Was damals keiner ahnen konnte: Ulli und die Grauen Zellen sollten nicht nur an diesem Abend, sondern für über zwei Jahrzehnte auf den Bühnen Berlins stehen. Wenn auch nur auf den kleineren.

Ich war jetzt also fünfzig Jahre alt. Das neue Jahrtausend dagegen war noch jung. Wowereit regierte Berlin, Gregor Gysi, eben noch aufstrebender SED/PDS-Genosse, versuchte sich nun im Kapitalismus

Er hielt die »Laudatio« zum Fünfzigsten: Kurt Krömer (links) mit ufaFabrik-»Chef« Juppi

Schlagzeuger und Sänger: Ulli von den Grauen Zellen beim ersten öffentlichen Auftritt in der ufaFabrik

Medienprofis unter sich: Reporter Zelle und Klaus Wowereit auf dem Kurfürstendamm

ein halbes Jahr lang als Wirtschaftssenator. Den Job hat nach ihm ein gewisser Harald Wolf übernommen, ebenfalls ein Linke-Politiker. Klaus-Rüdiger Landowsky, Vorsitzender der CDU-Fraktion im Abgeordnetenhaus, verstrickte sich im Skandal um die Berliner Bankgesellschaft und der Kanzler der Einheit Helmut Kohl in eine Spendenaffäre. Die CDU schickte in Berlin einen bis dato unbekannten Kandidaten namens Frank Steffel ins Rennen um das Amt des Regierenden Bürgermeisters, der Wowi den Rang ablaufen sollte. Hat bekanntlich nicht geklappt. Der »Party-Meister«, der auch mal Sekt aus einem High-Heel-Pumps trank und sich bei öffentlichen Auftritten umschwärmen ließ, war im Amt ein »Aktenfresser«, ein fleißiger Politik-Arbeiter. Dazu kamen seine ungeheure Medienpräsenz und seine markigen Sprüche: »Ich bin schwul und das ist auch gut so« und natürlich »Berlin ist arm, aber sexy.« Wowereit eben. Er trat anders auf als seine Vorgänger, war meist zu einem Scherz aufgelegt, locker im Interview, kam aber am Ende immer auf den Punkt. Ein Profi.

»Ich mach das einfach gern«

VON ARNDT BREITFELD

»Aber nicht, dass ich hinterher wieder aussehe wie Winnetouch von der Ponderosa!« Ulli Zelles tiefe Stimme höre ich sogar durch die geschlossene Tür, vor der ich stehe. Es ist Anfang 2006. Ulli Zelle sitzt in der Maske des rbb, wird für seinen Fernsehauftritt geschminkt. Ich warte auf die Reporterlegende, die sich offenbar Sorgen macht, zu dunkel gepudert zu werden. Gleich geht es zur Premiere des Kinofilms »Sommer vorm Balkon«, eine Live-Schalte. Ich bin Volontär mit Station bei der »Abendschau« und soll Ulli Zelle begleiten, um etwas zu lernen.

Von ihm gelernt – das habe ich dann in den folgenden Jahren sicherlich. Allerdings, als Kollege von Ulli Zelle kann man sich eher etwas durch Zuschauen abgucken. Als Autor im tagesaktuellen Geschäft arbeitet man schließlich meistens allein, nicht zusammen. Jeder für sich. Ulli sehe ich meistens nur über ein paar Bildschirme hinweg im Reporterzimmer. Auf seinem Schreibtisch stapeln sich Papiere, Zuschauerbriefe. Oft steht ein Kaffee aus dem Automaten daneben. Wenn ich komme, sitzt er meist schon da. Wenn ich gehe, telefoniert er noch.

Schon damals als Volontär war mir sofort klar, dass Ulli Zelle besonders ist. Dass er für seine Arbeit wirklich brennt. Unermüdlich unterwegs, mit wachem Blick und offenen Ohren für Neuigkeiten, die er vielleicht fürs Fernsehen umsetzen könnte. Ulli Zelle erkennt eine Geschichte, wenn er sie sieht – und hat das große Talent, sie immer gut und spannend zu erzählen. Er arbeitet mit Bildern – nicht schlecht für einen Fernsehmann. Von Kameraleuten weiß ich, dass er sie oft Details filmen lässt, die beim Dreh thematisch vielleicht gar keinen Sinn ergeben. Die er im Schnitt aber dann in eine fantasiereiche Erzählung einfügt.

Zu seinem 70. Geburtstag habe ich einen halbstündigen Film über ihn für das rbb Fernsehen umgesetzt und bin dafür tief ins Archiv gestiegen. Das war spannend. Und ich habe noch mal mehr begriffen, wie sehr Ulli die »Abendschau« bis heute prägt – und wie er auch das Berlin-Bild durch seine Berichte mitbestimmt hat.

1985, als junger Mann, hat er bei der »Abendschau« begonnen. Manches hat sich nicht verändert: Von Anfang an setzte er sich selbst als Reporter ins Bild. Bis heute taucht mindestens eine Einstellung im Beitrag auf, in der Ulli Zelle durchs Bild läuft. Mit Helm auf der Baustelle, sich hinten auf dem fahrenden Müllwagen festhaltend, inmitten von Menschen im Kiez, um deren Probleme er sich in der Rubrik »Mein Thema« kümmert.

Präsenz ist ihm wichtig, bis heute. Etwas Eitelkeit gehört zum Fernsehgeschäft.

Früher Höhepunkt seines Reporterlebens: Er war beim Mauerfall dabei, in der Schicksalsnacht des 9. November 1989 hat er gedreht und berichtet. Genau wie in einer der dunkelsten Stunden Berlins, viele Jahre später: beim Terroranschlag auf den Weihnachtsmarkt am Breitscheidplatz 2016. Live vor Ort: Ulli Zelle.

Es gab Zeiten, in denen Ulli morgens in der 10-Uhr-Redaktionsrunde war und dann zu einem Dreh aufgebrochen ist. Zurückkam, den Bericht geschnitten und vertont hat – um dann zu einer Live-Schalte rauszufahren. Nach der Abendschau konnte er schnell ein Konzert

Und noch mal Kudamm: »Reporterlegende« unterwegs

mit seiner Band geben – Ulli und die Grauen Zellen –, um dann auf den letzten Drücker noch rechtzeitig für die Folge-Live-Schalte in der Spätabendschau zurück zu sein. Manchmal wurde die Schalte in der Sendung zeitlich etwas nach hinten verschoben, weil Ulli noch nicht vor der Kamera stand. Geschafft hat er es meines Wissens aber immer.

Woher kommt diese Energie, diese unermüdliche Lust, als rasender Reporter unterwegs zu sein, ganz egal, ob die Geschichte klein oder groß ist? »Ich mach das einfach gern, und ich liebe diese Stadt«, hat Ulli mir im Interview zum Film anlässlich seines 70. Geburtstags gesagt. Unspektakulär, aber beeindruckend. Die Hingabe an Berlin und seine Arbeit. Sie erfüllt ihn wirklich. Was für ein Glück!

Anfang Januar 2006, Ulli Zelle kommt aus der Maske, sieht mich, den neuen Volontär, warten. Ich sage: »Oh. Du siehst ja aus wie Winnetouch.« Er schaut erst erschrocken, verdutzt. Dann versteht er, dass ich einfach nur seinen Satz an die Maskenbildnerin durch die Tür gehört hatte. Er lacht ein bisschen verlegen, ertappt. Ich darf dann mitkommen, ihm zuschauen, etwas lernen von der Reporterlegende Ulli Zelle.

Der 11. September

Das herausragende Ereignis dieses zweiten Jahres des neuen Jahrtausends war der 11. September 2001. Über die Bildschirme in unserer Redaktion liefen gegen Mittag die ersten Bilder des brennenden World Trade Centers. Ein Flugzeug sei hineingerast, hieß es im *Crawl*, also der Textschleife unter den Bildern. Anfangs war von zwanzig Toten die Rede. Doch die Bilder zeigten, dass es sich um eine größere Katastrophe handeln musste. Dann das zweite Flugzeug. Unfassbar. Entsetzen. Der Einsturz des ersten Turms, dann fiel der zweite in sich zusammen. Alle Kollegen schwankten zwischen Aufschrei und Verstummen. Wir beschlossen, eine Sondersendung »Berlin life« zu machen, auf dem Alexanderplatz. Unter unseren spontanen Gästen auch der Regierende Bürgermeister Klaus Wowereit. Selbst geübten Politikern fiel es in diesem Moment nicht leicht, das Geschehene in Worte zu fassen, die Trauer, das Entsetzen. Auch Wowereit nicht.

Fassungslosigkeit lag über der Stadt. Vor der amerikanischen Botschaft, damals noch in der Neustädtischen Kirchstraße, wuchsen die Berge von Blumen in die Höhe, brannten Hunderte Kerzen und trugen ein Licht der Trauer in die Dunkelheit des Abends. Auch wir Reporterinnen und Reporter befanden uns in einem emotionalen Ausnahmezustand. 200.000 Menschen versammelten sich dann am 14. September am Brandenburger Tor, um der Opfer von New York zu gedenken. Jocelyn B. Smith sang »Amazing Grace«. Danach Stille. Als Reporter für die Sendung »Abendschau Express«, die täglich um 18 Uhr begann und jeweils nur fünfzehn Minuten dauerte, sollte ich auch an diesem Tag eine Schalte von etwa drei Minuten vom Brandenburger Tor machen. Der zuständige Redakteur hatte aber fälschlicherweise angenommen, ich würde über die gesamte Dauer der Sendung live berichten. Das tat ich dann auch. Große Aufregung danach im Sender, da das eigentlich nicht geplant gewesen war und alle anderen Beiträge aus der Sendung flogen. Doch der Blick auf die Quote am nächsten Tag zeigte, die Entscheidung war richtig. Berlin wollte in diesen Tagen Trauer tragen.

Das neue Berlin

Anfang des neuen Jahrtausends veränderte sich das Gesicht der Stadt. Vor allem zwei Gebäude standen für das neue Berlin, die neue Hauptstadt: das Sony Center und das Bundeskanzleramt. Überhaupt nahm das Regierungsviertel mit dem »Band des Bundes« neben dem Reichstagsgebäude langsam Form an. Im krassen Gegensatz dazu, was auf den unbebauten Brachen und Freiflächen, den städtebaulichen Wunden nach Krieg und Teilung, temporär entstand. Zum Beispiel am Ufer der Spree: Clubs wie der »Oststrand« in Höhe der East Side Gallery, mit einem vorgelagerten Lastkahn, auf dem sich vorzüglich die Sonnenuntergänge genießen ließen. Oder das »Kiki Blofeld« mit dem ehemaligen Bootshaus der DDR-Grenztruppen. Im »Blofeld« konnten wir am Strand der Spree am Lagerfeuer unser Bier trinken. Mitten in Mitte! Und schließlich die berühmt gewordene »Bar 25« am Holzmarkt. Zu den ersten »angesagten« Restaurants am Kollwitzplatz gehörte damals das »1900« an der Ecke Husemannstraße, anfangs geführt von Ost-Berlinern, die gleich nach der Wende in den Westen gingen. Von dort kamen jetzt die neuen Kneipen-Macher, und das in Massen.

Berlin war damals noch unfertig, hatte viele Baulücken, auf denen sich spontan und für eine gewisse Zeit Alternatives etablierte. Dieser besondere Charakter der Stadt in Zeiten des Umbruchs zog vor allen Dingen viele junge Leute nach Berlin, die sich vorzugsweise in den noch unsanierten Quartieren in Kreuzberg oder am Prenzlauer Berg niederließen.

Rund um den Kollwitzplatz verdrängte das neue hippe Jung-Bürgertum nach und nach die alteingesessenen Mieter. Als Stadt-Reporter berichteten wir immer wieder über diesen beginnenden Prozess der Gentrifizierung. Und lieferten die Bilder dazu: Da waren zum Beispiel die beiden alten Damen, die aus ihrem Fenster im Parterre, zwei Kissen unter den Armen, den Kiez im Blick hatten. Klar, dass sie in dieser Lage nicht mehr lange in zwei Zimmern für 150 Mark Miete würden wohnen konnten.

Im Januar 2002 dann das neue Geld, der Euro. Der damalige Finanzminister Hans Eichel präsentierte die neue Währung publikumswirksam auf dem Pariser Platz. Dieser Ort war zu einem symbolischen Ort der Einheit geworden. Natürlich waren wir wieder live dabei. Ich versuchte mich übrigens in den Anfangszeiten des Euros darin, die unterschiedlichen Münzen nach Größe oder Randgravur in der Hosentasche zu ertasten, um mit dem Kleingeld vertraut zu werden.

Immer wieder gehörten auch Berichte über Abschiede von Prominenten zu meinem Job als Reporter. 2003 starben zwei bekannte wie beliebte Schauspieler: Günther Pfitzmann, der Ur-Berliner, der mit Serien wie »Der Havelkaiser« oder »Die Damen vom Grill« große Popularität erlangt hatte, und Horst »Hotte« Buchholz, der schon als junger Mann Filmgeschichte schrieb mit seinen Hauptrollen in »Die Halbstarken« oder »Eins, zwei, drei«, gedreht in den letzten Tagen vorm Bau der Mauer 1961. Bei den Dreharbeiten konnten noch Käfer und Messerschmidt Kabinenroller durch das Brandenburger Tor fahren. Der Sender Freies Berlin übertrug beide Trauerfeiern aus der Gedächtniskirche. Natürlich auch, als zwei Jahre später die Berlin-Ikone Harald Juhnke die Bühne des Lebens verließ: Seine letzten Jahre verlebte er in in einem Pflegeheim bei Berlin in der Dunkelheit seiner Demenz. Länger interviewt habe ich Juhnke übrigens nur einmal im Theater am Kurfürstendamm. Ein Bild von ihm hing noch viele Jahre nach seinem Tod am Bikinihaus gegenüber der Gedächtniskirche. Dort führten seine Schwiegereltern ein chinesisches Restaurant und Harald warb mit Stäbchen in der Hand für die Peking-Ente des Hauses.

Aus zwei mach eins

2003 kam das Ende für den SFB. Der West-Berliner Traditionssender, der in der Zeit des Kalten Krieges und der Teilung der Stadt auch Ost-Berlin und weite Teile der DDR mit Informationen und Unterhaltung versorgt hatte, verschwand in alter Form und fusionierte mit dem nach der Wende in Brandenburg gegründeten Ostdeutschen Rundfunk ORB. Der neue Name: Rundfunk Berlin-Brandenburg, kurz rbb. Im Internet unter rbb-online.de zu finden – ohne den Zusatz »online« landet der User bei der »Rinderbesamung Berlin-Brandenburg«. Da kamen wir mal eindeutig zu spät.

Die Fusion sorgte für Unruhe in beiden Sendern. Als gesetzt galten zunächst nur die Haupt-Nachrichtensendungen »Abendschau« und »Brandenburg aktuell«. Alles andere wurde umgekrempelt. Und in Berlin beschlich uns immer der Eindruck, die Hauptstadt verliert Sendeplätze, Brandenburg gewinnt. Sendungen wie »Mal ehrlich«, »Die Anrufbeantworter«, »Berlin life« oder »Nachtschwärmer« verschwanden. Berlin musste schlichtweg fast die Hälfte der Sendezeit an Brandenburg abgeben. Das führte zu Missmut unter den Berliner Kollegen, und die Brandenburger wiederum fürchteten zu viel Berliner Kontrolle. Die Intendanz saß nämlich hauptsächlich in der Hauptstadt. Wie auch die meisten Zuschauer! Und so kam dann auch tatsächlich, was kommen musste, die Führungsspitze des Senders war aufgrund sinkender Quoten um das Jahr

Auf Tour in Berlin und Brandenburg: Mit der Kollegin Carla Kniestedt beim »Heimatjournal«

2005 zum Umsteuern gezwungen. Mehr Pankow als Prignitz, mehr Köpenick als Cottbus ins Programm! Knapp zwanzig Jahre später sollte Brandenburg politisch zurückschießen und wieder mehr Präsenz fordern. Bei Redaktionsschluss dieses Buches war das noch nicht ganz gelungen.

Ich konnte 2003 weiterhin bei der »Abendschau« arbeiten. »Berlin life« entfiel, stattdessen moderierte ich nun zusammen mit der ORB-Kollegin Carla Kniestedt das »Heimatjournal«, jeden Sonnabend einmal aus Brandenburg, einmal aus Berlin. Durch diese Arbeit kam ich noch mehr herum, lernte tatsächlich das Berliner Umland und weite Teile Brandenburgs besser kennen. Mit der Kollegin Kniestedt bin ich von 2003 bis 2016, dreizehn Jahre lang, durch die Lande und die Großstadt getourt, mit einem Superteam um Kameramann Günther Trept, der wunderbaren Maskenbildnerin Doris von Kaler, den Redakteurinnen Martina Holling oder Silke Cölln. Es war fast familiär, da wir gelegentlich auch in der Provinz übernachten mussten und muntere Abende wie Nächte in zweitklassigen Landhotels verbrachten.

2004 dann zwei Sensationen in meinem Hauptstadtleben. Über eine durfte ich für den rbb berichten: Das MoMA kam mit einer großen Ausstellung aus New York nach Berlin und sorgte für einen ungeheuerlichen Besucheransturm. Tausende standen täglich rings um die Neue Nationalgalerie an, warteten geduldig, um die großen Meister zu sehen. Aber die noch größere Sensation für mich war die

Spätes Vaterglück: Mit Maximilian am Weißen See

Nachricht: Niki ist wieder schwanger! Ein Sohn war auf dem Weg zu uns. Er kam am 3. Februar 2004 im Westend-Krankenhaus zur Welt. Welch süßer Kerl, schon mit vollem schwarzem Haar und großen dunklen Augen. Ich ging an diesem Abend mit dem kleinen Bündel großen Glücks über die langen Flure des Krankenhauses und redete viel mit Maxi. Zugegeben, es waren eher Monologe eines überglücklichen späten Vaters. Vom Himmel fielen riesige weiße Schneeflocken. Wir schauten lange aus dem Fenster in die Stille der Nacht. Glück! Mein, unser Sohn Maximilian.

Einige Tage nach Maxis Geburt begann die Berlinale, seit 2000 am neuen Potsdamer Platz im Berlinale-Palast mit dem langen roten Teppich davor, auf dem Marlene-Dietrich-Platz. Schon seit Jahren war dieser Teppich, über den prominente Filmstars schritten, während der Filmfestspiele im Februar mein Arbeitsplatz. Aber diesmal schien irgendetwas an mir anders gewesen zu sein. Eine Reporterin der *BZ* bemerkte »einen ganz besonderen Glanz« in den Augen. Das hatte sie richtig beobachtet.

Verluste

Doch das Jahr sollte traurig enden. Im November kam mein Vater ins Krankenhaus, in Münster, eine Autostunde von Liekwegen entfernt. Ihm stand eine Speiseröhrenoperation bevor. Ich holte ihn aus der schönen westfälischen Stadt mit dem Auto ab. Er hatte die Operation gut überstanden und schaute optimistisch in die Zukunft. Die Vergangenheit war hart genug gewesen.

Mein Vater musste noch 1944 als junger Mann in den schon längst verlorenen Krieg. Als Frontsoldat war er in den letzten Wochen des Krieges immer nur auf dem Rückzug; die Front verlief damals bereits auf deutschem Boden. Da mein Vater immer sehr gern gegessen hat und ihn als Soldat der Hunger plagte, schlich er sich eines Abends in die Scheune eines Bauernhofs nahe der Frontlinie, um etwas Essbares zu organisieren. Der Hof war allerdings bereits von Amerikanern besetzt, und so blickte er plötzlich in den Lauf einer Maschinenpistole. Oskar Zelle, Jahrgang 1926, kam zunächst in ein britisches Sammellager in den Rheinauen zwischen Köln und Bonn. Dort harrten Tausende deutsche Soldaten tagelang auf nassen Wiesen aus. König war, wer irgendwie eine alte Konservendose ergattern konnte, die als Sitz diente, um nicht im feuchten Gras lagern zu müssen. Von dort ging es mit einem Gefangenentransport in Güterwaggons Richtung Frankreich, ins Gefangenlager. Mein Vater stand eingezwängt mit anderen Soldaten in einem offenen Kohlewaggon.

Auf der Strecke durch Frankreich ließen viele Franzosen ihrem Hass auf die Deutschen freien Lauf, warfen Steine, Balken oder andere schwere Gegenstände von Brücken in den vorbeifahrenden Zug, in der Hoffnung, möglichst viele deutsche Gefangene zu treffen. Oskar hatte Glück.

In einem Lager im Süden Frankreichs entwickelte mein Vater seine Vorliebe für die anfangs noch sehr dünne französische Zwiebelsuppe der Mannschafts-Kantine. Diese Leidenschaft blieb ihm auch nach der Entlassung 1946 erhalten, nur wurden die Suppen dicker. Und mein Vater auch. Der Hunger nach dem Krieg war groß! Vater arbeitete ab 1947 im Steinkohlebergbau des Gesamtbergamtes Obernkirchen in den Schächten des Bückebergs. Das war schwere Arbeit, denn die Flöze mit der Steinkohle waren schmal, und Vater, als einer der jungen Bergleute, musste mit Schaufel und Rakel in die Kohlenflöze kriechen, um dort das damals noch als »schwarzes Gold« bezeichnete Fossil herauszukratzen. Eine Arbeit im Staub, im Dunkeln, beim flackernden Licht einer Karbidlampe. Bergmann war ein Lehrberuf, und Oskar Zelle bekam nach bestandener Prüfung einen »Hauerbrief«. Sieben Jahre schuftete er unter Tage. Dann eröffnete mein Onkel 1953 hinter unserem Wohnhaus in Liekwegen eine kleine Leistenfabrik, und fortan arbeitete mein Vater dort als Werkmeister, baute den Betrieb mit auf und hielt ihn dreißig Jahre am Laufen.

Das überwiegend aus Afrika stammende Holz stapeln, es trocknen, zuschneiden, die Maschinen warten und reparieren, egal, ob die Heizung ausfiel

Oskar Zelle, 1991

oder der Späne-Bunker (ein Blechmonstrum, in dem sich die Späne aller Maschinen sammelten) Probleme machte – Oskar Zelle bekam alles in den Griff. Ein handwerklicher Allrounder. Er war immer für den Betrieb da, auch wenn sonntags jemand klingelte und nach einem Bündel Brennholz fragte. Nachdem die Leistenfabrik in der Zeit der Wende in Konkurs gegangen war, kümmerte er sich, jetzt Rentner, um den Ausbau eines 150 Jahre alten Fachwerkhauses, das ich in der Nachbargemeinde gekauft hatte. Meine Liebe zum Land und zu alten Häusern halt. Auch hier machte Vater alles. Am Ende stand dort und steht bis heute ein schönes Fachwerkhaus, Baujahr 1841, umgebaut von Oskar Zelle Anfang der Neunzigerjahre.

Ein starker Mann! Doch der starke Mann war in diesem Jahr 2004 schwächer geworden. Jahrzehnte wurde er von Freunden und von seiner Frau Elisabeth liebevoll »Dicker« genannt, nun hatte er enorm an Gewicht verloren. Das geliebte Schaumburger Bier schmeckte ihm nicht mehr, auch nicht die »Schlachteplatte«. Mein Vater war krank, aber voller Lebenswillen. Ende November musste er mit starken Bauchschmerzen wieder in die Klinik. Ich berichtete an diesem Abend live vom Bundespresseball in Berlin. In jeder Pause telefonierte ich mit dem Krankenhaus in Stadthagen, erkundigte mich nach seinem Gesundheitszustand. Es gab ein letztes Telefonat, bei dem er noch sagte, jetzt gehe es in die OP. Das waren die letzten Worte, die ich von ihm hörte. Spät am Abend erreichte mich der Anruf des operierenden Arztes, der mir klarzumachen versuchte, dass es keine Hoffnung gäbe. Ein Darminfarkt.

Nach der letzten Moderation unserer Live-Berichterstattung aus dem Hotel Intercontinental setzte ich mich sofort ins Auto und fuhr nach Stadthagen ins Krankenhaus. Vater lag auf der Intensivstation, war nicht ansprechbar. Ich habe trotzdem viel mit ihm geredet. Wieder Monologe. Auch wenn er nicht antwortete, hoffte ich, er würde es entgegen allen schlechten Prognosen doch schaffen, es würde ein medizinisches Wunder geschehen. Das hätte er doch verdient! Irgendwann nachts bin ich dann von Stadthagen in das sieben Kilometer entfernte Liekwegen zu meiner Mutter gefahren, habe versucht, sie zu trösten und ein wenig zu schlafen. Am nächsten Morgen, um 9 Uhr 55, ist mein Vater gestorben. Im Krankenhaus lag er jetzt in einem separaten Zimmer, ganz allein, mit dem Gesichtsausdruck eines Menschen, der sagen will, verdammt, ich wollte doch noch nicht gehen, ich wollte bleiben, wollte noch leben. Oft heißt es, dass Verstorbene einen zufriedenen, gelösten Gesichtsausdruck hätten. Oskar Zelles Gesichtsausdruck war verzweifelt.

Ein paar Tage später die Beerdigung unter großer Anteilnahme der Menschen aus dem Dorf. Über 200 Freunde, Nachbarn, ehemalige Kollegen waren gekommen, auch meine Frau und der kleine Maximilian waren dabei. Elisabeth hat den Tod ihres geliebten Mannes, den Verlust nie verkraften können. Sie war einsam, hilflos ohne ihn. Und konnte nicht mehr allein in der großen Wohnung im Haus in Liekwegen leben. Dann das Altersheim, der »Sonnenhof« in Obernkirchen, genau gegenüber dem ehemaligen Kloster, in dem ich zur Welt kam. Hier lebte sie noch zwei Jahre. Eine ihrer letzten Eintragungen in eine Art Notizbuch war: Ein Mensch, der nicht mehr arbeitet, ist nichts wert.

Auch meine Mutter hatte ihr Leben lang immer hart gearbeitet. Es war nicht einfach gewesen für die junge Frau aus Oberschlesien, die nach dem Zweiten Weltkrieg auf abenteuerliche Weise die Flucht aus der nun polnischen Stadt Zabrze (früher Hindenburg) in den Westen antrat, ihre Familie im Osten zurücklassen musste. Dort im oberschlesischen Steinkohlerevier wollte sie nicht »unter polnischer Verwaltung«, wie es hieß, leben. Also ging es im Güterzug Richtung Westdeutschland. In Schaumburg angekommen, war sie ein Flüchtlingsmädchen, und die Menschen aus dem Osten wurden anfangs nicht freundlich aufgenommen. Glücklicherweise traf sie meinen Vater, die beiden heirateten und bekamen ihr erstes und einziges Kind, mich. Eine zweite Schwangerschaft wurde abgebrochen; wir lebten in dem Haus in Liekwegen mit zehn Personen unter einem Dach. Es war kein Platz. Elisabeth Zelle arbeitete vormittags im Büro der kleinen Leistenfabrik, schrieb Aufträge und Rechnungen, und nachmittags als Gemeindesekretärin beim Bürgermeister von Liekwegen. Dazu natürlich das »bisschen Haushalt« und die Erziehung eines Kindes. Wenn es ganz hart kam, machte sie noch Nachtschichten in einer stillgelegten Schachtanlage in der Nachbarschaft. In der

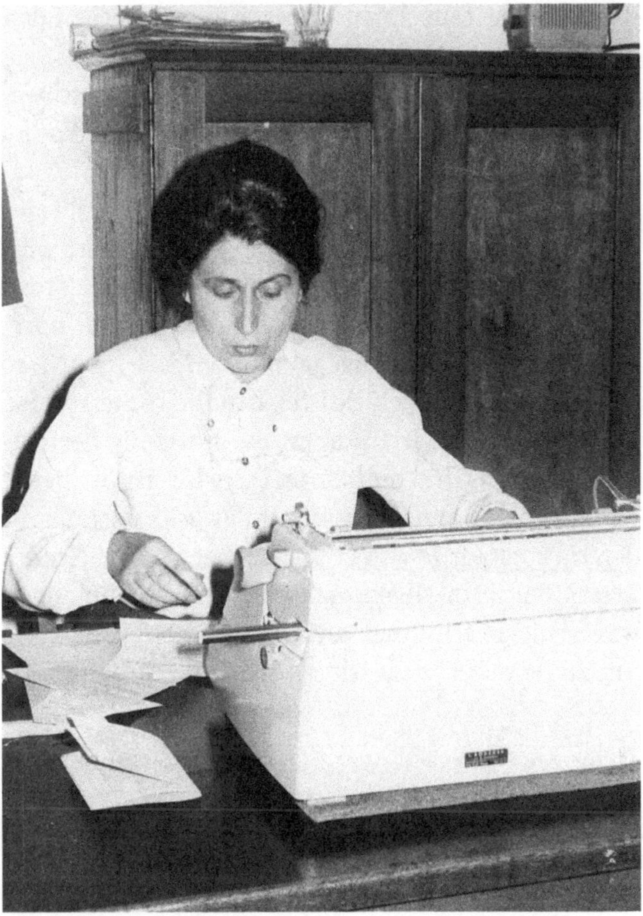

Elisabeth Zelle, Gemeindesekretärin von Liekwegen, in den frühen Sechzigerjahren

ehemaligen Waschkaue klebte sie zerbrochene Leisten aus der Fabrik mit viel Leim und Wäscheklammern wieder zusammen. Allein in der dunklen Bergwerksanlage. Manchmal hatte sie zur Sicherheit den Jagdhund meines Onkels dabei.

Nach dem Tod ihres Mannes wurde sie schwächer, trauriger, verwirrter. Zwei Jahre nach Vaters Tod ging auch Elisabeth aus dieser Welt, im Krankenhaus in Bückeburg, in dem ich als Dreijähriger wegen eines entzündeten Blinddarms operiert worden war. Damals bekam ich einen Teddy zum Trost, den habe ich bis heute. Und er brummt sogar noch, wenn er etwas nach vorn gekippt wird.

Ich hatte eine glückliche Kindheit. Sie ist das Fundament meiner Existenz, die Basis meiner Persönlichkeit. Dafür bin ich meinen Eltern bis heute dankbar. Sie waren so stolz auf das, was ihr Sohn in der Hauptstadt Berlin erreicht hatte. Da der Sender Freies Berlin in Niedersachsen nicht zu empfangen war, schickte ich ihnen anfangs oft VHS-Kassetten, um zu beweisen, dass ich auch wirklich arbeitete.

Und ich arbeitete viel. Der Blicke in die Kalender dieser Jahre zeigt, dass es fast keinen Tag gab, an dem ich nicht einen Bericht machte, von irgendwo »schaltete«. Ich war immer unterwegs, für den Sender oder mit der Band. Denn die Musik begann einen größeren Raum einzunehmen. In manchen Jahren hatten wir dreißig bis vierzig Gigs, standen quasi jedes Wochenende auf einer Bühne. Unser Stammclub war das »Rickenbackers« in der Bundesallee, fast einmal die Woche volles Haus. Aber wir haben auch kein Volksfest, keine Betriebsfeier, keinen großen Geburtstag ausgelassen. Besonders in Erinnerung sind mir die Konzerte auf dem Stuttgarter Platz. Dort ist ja das »Lentz«, meine Lieblingskneipe seit Jahrzehnten. Auf dem »Stutti« spielten wir *open air* vor Hunderten von Besuchern. Das war großartig. Songs von den Stones, Beatles, Bee Gees, Animals, von Ton Steine Scherben oder Rio Reiser; wir rockten den Platz. Immer wieder traten wir in Clubs auf, in denen es noch Livemusik gab, anfangs noch im »Blauen Affen« am Kottbusser Damm, damals ein Trinker-Treffpunkt, angeblich vor dem Krieg ein Stammlokal von Dadaisten. Aus dem »Blauen Affen« wurde später eine Bank. Zu unseren Auftrittsorten zählten auch die »Eierschale«, die »Hafenbar« und vor allen Dingen »Clärchens Ballhaus« in der Auguststraße. Gleich vorne stand vier Jahrzehnte lang Schmitti, der Kartenverkäufer und Garderobier. Und am Eingang prangte noch ein Schild aus DDR-Zeiten: »Kein Einlass in Jeanshosen.«

2013 feierte der rbb sein zehnjähriges Bestehen in der Masurenallee. Unser Publikum kam in Strömen zu Autogrammstunden, Studioführungen, Diskussionsrunden. Zehntausende vermittelten uns das Gefühl, wirklich ihr Sender zu sein, das Programm zu machen, das sie wollten. Die Gauen Zellen durften dann live auf der Masurenallee rocken. Für mich damit ein doppeltes Fest.

Aber die rockigen Shows hatten auch ihren Preis. Bei einem Konzert an der Freien Universität strapazierte ich meine Stimme so sehr, dass sich »Knötchen« auf den Stimmlippen bildeten. Das Sprechen wurde zum Krächzen, nicht gut für einen Reporter und Rocksänger. Ich musste unters Messer.

Es passierte so viel in der Stadt. Der Palast der Republik, von 2002 bis 2005 ein Ort für Pop-up-Kunst und alternative Projekte, verabschiedete sich endgültig aus der Stadtlandschaft, nach immerhin 900 Veranstaltungen. Der Bundestag beschloss den Abriss des asbestverseuchten Gebäudes. Es gab viele, sehr viele Ost-Berliner, die das bedauerten. Wie wir bei unseren Umfragen feststellten, verbanden viele Menschen mit dem »Palast« eine Fülle an persönlichen Erinnerungen, an Theater, Shows, Jugendweihen und die Abende in der Disko oder auf der einzigen Bowlingbahn der DDR. 2006 rückten die Bagger und Presslufthämmer an.

Im gleichen Jahr gab es in Schönefeld den ersten Spartenstich für den neuen Flughafen. Und keiner ahnte damals, dass es so lange, nämlich noch sage und schreibe vierzehn Jahre, dauern würde, bis die ersten Flugzeuge auf dem Rollfeld landen oder starten könnten. Der Hauptbahnhof, gebaut am ehemaligen Lehrter Stadtbahnhof, war da schon viel weiter: Im Sommer 2005 wurden die beiden sogenannten Bügelbauten, jeweils 46 Meter lang, millimetergenau »zusammengeklappt«. Ich konnte von einem benachbarten Hochhaus dieses kleine technische Wunder live kommentieren und stand dabei mit dem leitenden Ingenieur Hany Azer auf der Baustelle per Walkie-Talkie in Verbindung. 2006 war der Bahnhof fertig, wenn auch mit gestutzten Dächern, aber der damalige Bahnchef Mehdorn wollte unbedingt im Jahr der Fußball-WM den Berliner Hauptbahnhof einweihen. Ein Jahr nach seiner Fertigstellung allerdings sollte er schon Negativ-Schlagzeilen machen: Der stürmische »Kyrill« hatte einen Stahlträger am Südturm aus der Verankerung gerissen, der krachend auf dem Bahnhofsvorplatz landete, aber glücklicherweise niemanden verletzte.

2006 war das Jahr, in dem Berlin ein Sommermärchen der besonderen Art erlebte, die Fußballweltmeisterschaft in Deutschland mit dem Endspiel in Berlin. Die Straße des 17. Juni zwischen Brandenburger Tor und Siegessäule verwandelte sich in ein Fahnenmeer in Schwarz-Rot-Gold, vier Wochen lang die größte Party Deutschlands mit einer Million Menschen im Fußballfieber. Auch wenn die deutsche Mannschaft nicht ins Finale kam, so war sie doch Weltmeister der Herzen. Wir vom rbb immer live mitten in der Menge unter jubelnden Fans. Auf der Bühne unsere Kicker-Helden mit Bundestrainer Jürgen Klinsmann an der Spitze. Ein Sommer der Freude! Ich wollte das auch meinem Sohn Maximilian vermitteln und nahm den Zweijährigen mit auf unser Kamerapodest, wo er sicher war vor der wogenden Menge. Ich glaube, er konnte nicht nachvollziehen, in welchen Freudentaumel die Menschen da zu seinen kleinen Füßen geraten waren.

Glück auch im Berliner Zoo. Knut, das Eisbären-Baby, war da und zusammen mit Tierpfleger Thomas Dörflein die Sensation, nicht nur für Berlin. Aus aller Welt kamen Bärenliebhaber, um das weiße Eisbärenknäuel zu bewundern. Mein Kollege Georg Berger von der »Abendschau« wurde »Knut-Beauftragter«. Kein Tag ohne das kleine Bärenbaby im Programm. Wir erfuhren, ob er sein Fläschchen schön ausgetrunken hatte, wie er erste Badeversuche in einer Wanne machte oder welches Gemüse er am liebsten fraß. Daraus entstanden ganze Serien, für die der rbb und Kollege Berger sogar einen Fernsehpreis erhielten. Knut war 2006 unser absoluter Star!

Von Charlottenburg nach Gatow

Auch in unserer Familie gab es Nachwuchs! Im Frühjahr 2007 kündigte sich Constantin an. Aber der Kleine wollte zu früh auf die Welt, und Niki musste für Wochen ins Krankenhaus, um eine Frühgeburt zu vermeiden. Eine harte Zeit, besonders für sie. Für Maximilian engagierten wir eine Kinderfrau, die sich tagsüber kümmern konnte. Nach der Arbeit fuhr ich jeden Tag ins Krankenhaus. Tag für Tag, Woche um Woche haben wir gebangt, gebetet und gehofft, dass Constantin bleibt. In der Charité, in der Amrumer Straße in Wedding, führten wir lange Gespräche mit Ärzten, weil wir uns nicht vorstellen konnte, dass eine Frühgeburt nicht durch moderne Medizin zu verhindern sei. Ich ging oft in die Krankenhauskapelle, um zu beten. Aber Constantin schaffte es, nicht zuletzt dank der Durchhaltekraft und Geduld meiner Frau. Nach Wochen des Bangens kam er am 5. September 2007 gesund auf die Welt. Wieder ein großes Glück!

Ein zweiter kleiner Halbgrieche gehörte jetzt zur Familie. Wie auch Maximilian wurde Constantin griechisch getauft, in der griechisch-orthodoxen Kirche in der Mittelstraße in Steglitz. Bei dieser Taufzeremonie werden die Babys in ein vergoldetes Wasserbecken getaucht, und zwar recht tief, dann mit Öl eingerieben, damit der Teufel sie nicht greifen kann, sie ihm aus den Händen gleiten. Schließlich schneidet der Pope dem Kind noch eine Locke vom Schopf, so denn schon Haare da sind. Während Maximilian langhaarig zur Welt kam, war Constantins Haarwuchs noch spärlich. Aber der Geistliche schaffte es irgendwie.

Mit Maximilian und Constantin waren wir eine rundum glückliche Familie. Zwei Kinder, das schreit doch nach einem Haus im Grünen, die Kinder sollen naturnah aufwachsen, wie wir früher. Kinder wollen im Wald und auf Feldern spielen, dachten wir. Also machten wir uns auf die Suche nach einem Haus mit Garten. Im ersten Jahrzehnt des neuen Jahrtausends waren die Grundstückspreise in Berlin noch nicht ganz so unerschwinglich wie heute. Und so wurden wir in Alt-Pichelsdorf fündig: ein Haus mit Blick auf die Havel, allerdings ohne Wasserzugang, weil ein anderes Grundstück davor lag, das wir zusätzlich hätten erwerben können. Zu teuer. Dann ein Angebot in Alt-Gatow. Ein kleines, schönes Häuschen an der Kreuzung Am Berghang/Am Kinderdorf. Wir in der Endauswahl, doch der Verkäufer entschied sich für ein anderes Paar. Pech und Glück zugleich, denn wenige Tage später meldete sich der Makler noch einmal, er hätte jetzt ein unbebautes Grundstück ganz in der Nähe.

Die Lage am Rand eines Parks, der Havelchüne, unweit der Helleberge und der Gatower Felder, war einfach optimal. Die Havel ganz in der Nähe. Das Grundstück öffnete sich zu einem Wald, auf dem Berg, also der Düne, steht eine Bockwindmühle. Ländlicher geht es kaum – und das nur wenige Autominuten von der Charlottenburger City entfernt. Wir kauften das Grundstück und entschieden uns

Mit Constantin, dem Zweitgeborenen, 2009

für den Bau eines klassischen Einfamilienhauses mit Balkon und Terrasse zum Garten. Dörflicher als in Liekwegen. 2008 zogen wir ein. Ein großer Glücksfall, bis heute.

Could I ask for any better?

Überhaupt war 2008 ein absolut erfolgreiches Jahr für mich. Barack Obama, damals noch nicht Präsident, sondern Präsidentschaftskandidat, kam zum ersten Mal nach Berlin und rief vor der Siegessäule sein »Yes, we can!« in die begeisterte Menge. 200.000 Menschen waren gekommen; ich mit meinem Team an der Straße des 17. Juni live dabei. Da sprach ein Mann mit Charisma, mit ungeheuerlicher Ausstrahlung. Gerade in Berlin sahen viele Ältere in ihm eine Art zweiten Kennedy. Eine halbe Stunde redete Obama und trat dann unter Jubel ab. 2013 sollte er als Präsident zurückkommen und am Brandburger Tor sprechen, fünfzig Jahre nach dem Besuch Kennedys in Berlin. Und in allen Reden spielten die besonderen Beziehungen Berlins zu den USA eine Rolle, der Kalte Krieg, die Luftbrücke, die Wiedervereinigung.

Apropos Luftbrücke. 2008 kam das Ende von Tempelhof mit den letzten Flügen, die in den abendlichen Himmel von Berlin starteten und damit die Geschichte dieses Flughafens, zumindest was den Flugbetrieb anging, beendeten. Wir dabei, mit dem guten Gefühl, da zu sein, wo ein Stück Berlin-Geschichte geschrieben wird.

Das Highlight des Jahres 2008 allerdings für mich als langjährigen Rolling-Stones-Fan war der Besuch der vier Steine auf der Berlinale. Das Festival wurde mit dem Film »Shine a Light« von Martin Scorsese eröffnet, eine Konzert-Doku über die Stones. Und alle vier noch lebenden Steine kamen zur Eröffnung. Wie immer warteten vor dem Berlinale-Palast am Potsdamer Platz Medienvertreter aus der ganzen Welt auf die Stars, Hunderte von Journalisten, Fotografen und Kamerateams. Wir vom rbb standen wie gewohnt auf der sogenannten »Zelle-Position«, ein mit einer roten Kordel abgesperrter Bereich direkt am Eingang des Berlinale-Palastes, quasi eine »Pole-Position«, die wir uns in vielen Jahren der Berlinale-Berichterstattung erkämpft hatten. Den Namen für den Standort hatte Dieter Kosslick erfunden, allerdings verbunden mit der Warnung, bis hierher und nicht weiter. Es war nämlich zuvor meine liebgewordene Leidenschaft, live den Stars auf dem roten Teppich entgegenzukommen. Das aber war vom Protokoll nicht erlaubt, denn das »Teppich-Bild« wurde von der Berlinale weltweit als sogenanntes »Pool-Bild« angeboten, und auf diesem Bild sollte kein Berlin-Reporter zu sehen sein. Also bekam ich meine »Zelle-Position« mit Kordel, hinter mir zwei Live-Kameras, Licht und sogar ein Maskenbildner, der mir gelegentlich die geschminkte Nase abtupfte ... Immerhin waren und sind wir die Landesrundfunkanstalt. Das wussten die Stones natürlich nicht, aber nahmen wohl an, wer an so einer ausgesuchten Position steht, muss wichtig sein.

Die Stones betraten also den roten Teppich, und sofort begann das Blitzlichtgewitter. Angesichts der unglaublichen Medienpräsenz war ich keinen Moment davon ausgegangen, dass diese Weltstars nun ausgerechnet vor die Kameras eines regionalen Senders kommen würden, und hatte mir folglich auch keine Fragen für Interviews überlegt. Doch zu unserer Riesenüberraschung kriegten wir alle vier nacheinander vors Mikro. Und waren live auf Sendung. Das bedeutete, dass andere geplante Beiträge der »Abendschau« wegfallen mussten, weil plötzlich die Stones Sendeplatz brauchten. Und die »Abendschau« geht zeitlich nun mal nur bis an die »Tagesschau« heran, dann ist definitiv Schluss. Zuerst kam Charlie Watts, ein freundlicher, feiner Gentleman. Dummerweise lief zeitgleich live im Programm der »Abendschau« noch ein Nachrichtenfilm über Parkraumbewirtschaftung. Ich musste also Charlie bitten, er möge doch eine halbe Minute warten, weil wir noch nicht auf Sendung gehen könnten. Was bitte heißt Parkraumbewirtschaftung auf Englisch? Ich konnte die halbe Minute mit Smalltalk überbrücken, sagte, dass mich die Musik der Stones schon fast mein ganzes Leben begleiten würde. Darauf Charlie Watts ganz cool: »Me too.«

Nach Charlie kamen Keith und Ron, der mir den einzigen Satz, den er auf Deutsch konnte, ins Mikro sprach: »Ich liebe dich.« Und schließlich dann der Boss, Mick Jagger. Auf meine Frage, was er zu dem überwältigenden Empfang vor dem Berlinale-Palast meine, antwortete er grinsend: »Could we ask for any better?« Nein, tatsächlich, und etwas Besseres hätte es auch für mich nicht geben können: die Stones vor meinem Mikrofon, alle vier, alle live. Emotional gesehen fast der Höhepunkt meiner Reportertätigkeit. In der Regie der »Abendschau« dagegen muss die Hölle losgewesen sein, weil ein geplanter Beitrag nach dem anderen spontan aus der Sendung gekegelt werden musste.

Unvergesslich bleibt mir auch die Begegnung mit Meryl Streep auf der Berlinale 2012, als sie mit Jetlag und ziemlich verfroren am Rand des roten Teppichs vor dem Interview zu mir sagte: »Could you warm my hands, please?« Ich konnte und tat es sehr gern. Oder die Begegnung mit Michael Douglas und dessen Frau Catherine Zeta-Jones, die ich genau in dem Moment auf dem Teppich ansprechen konnte, als wir live zu »Brandenburg aktuell« schalteten – ein angenehmes Interview, und mein Englisch erwies sich als gar nicht so schlecht. Nach dem Gespräch bedankte ich mich bei den beiden und gab zurück nach Potsdam – hatte in der Aufregung aber total vergessen, alles ins Deutsche zu übersetzen. Das Interview mit Leonardo DiCaprio auf der Berlinale 2010 ließ sich noch leichter führen. DiCaprio hatte eine Großmutter in Nordrhein-Westfalen, in Oer-Erkenschwick, die ihm ein wenig Deutsch beigebracht hat. Sie ist 2006 mit 93 Jahren verstorben.

Auch vor den Kinos Delphi, Zoopalast oder auch dem International in Mitte waren oft die roten Teppiche für Stars ausgerollt, bei Premieren oder Preisverleihungen wie auch vor dem Friedrichstadtpalast zur Verleihung der »Goldenen Henne«, bei »Cinema for Peace« mit Bob Geldof oder der Verleihung des »Bambi«. Zu allen großen Premieren schalteten wir live. Das war und ist immer wieder mit einer gewissen Aufregung verbunden, denn Live-Übertragungen müssen genau in diesem einen Moment funktionieren. Und die Stars da sein.

Zu einer meiner größten Zitterpartien gehörte ein Live-Interview für das ARD-»Nachtmagazin« mit dem Schauspieler Toni Curtis im Konzerthaus am Gendarmenmarkt. Curtis war 2004 anlässlich der Verleihung der Goldenen Kamera zu Gast in Berlin, und mein Kollege Hans-Joachim Lorenz von der »Tagesschau« versprach mir, Curtis vor mein Mikro zu holen. Ich konnte mir nicht vorstellen, dass Lorenz es schaffen würde, einen Weltstar durch das Gewühl im Foyer des Konzerthauses zu unseren Kameras draußen an den Treppen zu lotsen. Doch Curtis kam! Jetzt nur keinen Fehler machen. Sicherheitshalber bat ich ihn im Vorgespräch, nicht zu schnell und möglichst deutlich zu sprechen, damit ich ihn in der lärmenden Umgebung verstehen und übersetzen konnte. *No problem!* Curtis formulierte klare, kurze, prägnante Sätze und war zudem noch äußerst charmant. Überhaupt sind meine Erfahrungen mit amerikanischen Stars durchweg positiv, sie wissen, Promotion ist wichtig und gehört zum Job.

Bei einigen deutschen Schauspielern war das anders. Sie kamen zu spät, einige auch gar nicht, andere wiederum gaben sich eher einsilbig vor der Kamera, und manche sagten gar nichts.

Hollywood-Star Susan Sarandon dagegen wollte etwas sagen, nämlich zur Situation der Flüchtlinge, die ab 2015 zunehmend nach Deutschland kamen. Die Schauspielerin war nicht auf Promotion-Tour für einen Film, sondern offensichtlich interessiert daran, mehr über die Menschen zu erfahren, die dem Krieg im Nahen Osten entfliehen wollten und in Europa, in Deutschland, in Berlin Schutz suchten. 2016 besuchte Sarandon eine Flüchtlingsunterkunft in Moabit, sprach mit den Geflüchteten, die hier provisorisch in einer Traglufthalle untergekommen waren. Eine Begegnung der anderen Art mit einer Oscar-Preisträgerin. Hollywood-Stars in der »Abendschau« kamen immer gut an, und so begleiteten wir Sarandon in die Traglufthalle. Sie war übrigens ein Jahr später noch einmal aus gleichem Anlass in Berlin.

»Wir schaffen das«

Das Schicksal der Geflüchteten und die große Herausforderung, diese Menschen in Berlin unterzubringen und zu versorgen, wurde für mich wie für viele andere Journalisten immer wieder Gegenstand der Berichterstattung. Da scheiterte das zuständige Lageso, das Landesamt für Gesundheit und Soziales, angesichts der ersten Flut von Hilfesuchenden bei Registrierung, Vermittlung von Unterkünften und Versorgung. Berlins Behörden waren überfordert. In den Hangars des früheren Flughafens Tempelhof entstanden Zeltstädte, leerstehende Verwaltungsgebäude wurden zu Notunterkünften umfunktioniert. Berlin half, und wir berichteten, fast täglich, sprachen, so gut es ging, mit Geflüchteten und mit Helfenden, darunter viele Freiwillige.

In den Aufnahmelagern und bei den Registrierungsstellen herrschte oft Chaos. Besonders tragisch der Fall des vierjährigen Mohammed. In einem Moment, als seine Eltern in der Flüchtlingsankunftsstelle in Moabit auf dem weitläufigen Gelände mit behördlichen Problemen beschäftigt waren, nutzte ein Mann diese Situation aus und entführte das Kind. Vier Wochen keine Spur von dem Jungen, quälende Ungewissheit für die Eltern aus Bosnien in einer fremden Umgebung nach den Strapazen der Flucht. Schließlich fand die Polizei die Leiche des Kindes im Kofferraum eines Autos im brandenburgischen Niedergörsdorf. Mohammed war von einem 32-jährigen (deutschen) Mann entführt und getötet worden. Die Mutter des Mörders hatte der Polizei den entscheidenden Tipp gegeben. Der Mann wurde verhaftet.

Nicht als Reporter, sondern privat ging ich mit zur Bestattung des kleinen Mohammed. Das war im November 2015 auf dem muslimischen Friedhof in Gatow. Hunderte haben den Jungen auf seinem letzten Weg, am Ende einer langen Flucht aus der Heimat auf dem Balkan nach Berlin, begleitet.

Das Thema Flüchtlinge hatte uns schon weit vor der großen Ankunftswelle 2015 und Angela Merkels »Wir schaffen das« beschäftigt. Bereits 2012 war auf dem Oranienplatz ein Zelt-Camp von Geflüchteten entstanden. Geflüchtete und Unterstützer besetzten die Parteizentrale der Grünen, die Thomaskirche am Mariannenplatz oder kletterten auf das Dach eines Hotels in Lichtenberg, um ihrem Protest gegen eine unzureichende Unterbringung Ausdruck zu verleihen. In Kreuzberg wurde die zu diesem Zeitpunkt nicht genutzte Gerhart-Hauptmann-Schule besetzt. Auch hier ging es um die Forderung nach besseren Unterkünften. Wie viele Menschen dort in der Schule schließlich lebten, ließ sich nie genau ermitteln. Der Senat wollte das Gebäude räumen lassen, der Bezirk nicht. Es kam zu Auseinandersetzungen zwischen Geflüchteten und ihren Unterstützern mit der Polizei, zu Demonstrationen vor der Schule. Wir sendeten live. Die Betroffenen selbst sprachen nicht mit uns, dafür aber ihre Unterstützer.

Die Demos wiederholten sich, die Menge der Teilnehmenden nahm aber langsam ab. Am Ende, nach zwei Jahren Protest, wurde die Schule geräumt – mit der Begründung, die sanitären Bedingungen seien für eine Flüchtlingsunterkunft nicht ausreichend. Für die geschätzt rund 200 bis zum Schluss in der Schule verbliebenen Geflüchteten wurden Ersatzunterkünfte bereitgestellt. Das kleine Camp auf dem Oranienplatz in Kreuzberg brannte 2014 zum Teil ab, vermutlich durch Brandstiftung. Die restlichen Zelte verschwanden mit der Zeit. Das Problem blieb und begleitet uns bis heute.

Bei einem meiner letzten Live-Einsätze für die »Abendschau« mitten aus einer Demonstration am 1. Mai 2016 geriet ich zu guter Letzt noch in den Fokus der schreibenden Presse. Während einer Live-Schalte von der überfüllten Oranienstraße in Kreuzberg umarmten mich mir unbekannte Menschen heftig. Ich ließ mich nicht aus dem Konzept bringen, reportierte unbeirrt weiter. Die Unbekannten hatten mir unbemerkt einen »FCK AFD«-Sticker an die Jacke geklebt. Ich moderierte nun munter mit diesem gut sichtbaren politischen Bekenntnis auf der Brust. Im *Tagesspiegel* wurde daraufhin die Frage diskutiert, ob Reporter des öffentlich-rechtlichen Fernsehens während ihrer Berichterstattung eine derartige Meinungsbekundung an der Brust tragen dürften? Doch ich hatte davon ja nichts bemerkt, den Aufkleber erst später an meiner Jacke gesehen. Im Sender war die Angelegenheit kein Thema. Die Sache blieb folgenlos.

Auf Berliner Bühnen

Neben meinen Einsätzen für den rbb stand ich weiter fast jedes Wochenende irgendwo in Berlin oder Brandenburg auf irgendeiner Bühne. Die Grauen Zellen hatten Hochkonjunktur. Ein Tourleben zwischen Hauptstadt und Provinz, meist auf Straßenfesten mit einem kleinen Backstagebereich, ohne Garderobe oder Maske. Wenn wir Glück hatten, stellte der Veranstalter ein paar Getränke auf den Tisch im Bierzelt hinter der Bühne. Manchmal gab's auch Essensgutscheine für die Band. Und trotzdem war das immer ein großer Spaß! Und manchmal von mir ein bisschen knapp kalkuliert – nach einer Live-Schalte bei der »Abendschau« ging's gleich irgendwo auf die Bühne. In der Konzertpause noch mal zurück zur Live-Schalte für die »rbb aktuell«-Ausgabe um 21 Uhr 45, dann wieder auf die Bühne. Das ging sogar in fast allen Fällen gut.

Nur bei einem Auftritt im Ballhaus Pankow nicht. Nach der Spätschalte, die dummerweise auch noch am Ende der Sendung um 22 Uhr lag, musste ich zum Ballhaus Pankow zurückrasen. Aus dem Auto auf die Bühne, zwei Songs geschafft – und dann ein Kabel auf dem Bühnenboden übersehen, gestolpert und fast zwei Meter tief eine Treppe runter zur Tanzfläche gefallen. Licht aus. Bewusstlos. Ich lag da, bis eine Frau mir das blutige Hemd öffnete und versuchte, mich in eine stabile Seitenlage zu bringen. Irgendwann kam der Rettungswagen, aber von all dem habe ich nichts mehr mitbekommen. Auf der

Von der Live-Schalte auf die Bühne und zurück: Ulli und die Grauen Zellen

Blaulicht-Fahrt ins Krankenhaus im Friedrichshain holte mich ein Krankenpfleger mit leichten Schlägen auf die Wange wieder zurück ins Bewusstsein. So zumindest habe ich es in Erinnerung. Im Krankenhaus dann das übliche Prozedere mit Röntgen und so weiter. Ich hatte ein paar Zähne bei dem Sturz verloren, mir das Nasen- und Jochbein sowie ein Handgelenk gebrochen.

Halleluja. Da lag ich nun auf einem Transportbett im Flur der Rettungsstation. Ich konnte niemanden aus meiner Familie erreichen, alle schliefen oder haben das Telefon nicht gehört. Ich musste in der Klinik bleiben, dann also gute Nacht ... Übrigens, bei der netten Dame, die mich noch im Ballsaal »erstversorgt« hat, konnte ich mich nie bedanken, habe leider nie erfahren, wer das war. Daher hier ein dickes Dankeschön an unbekannt.

Das mit dem Bühnensturz sollte sich wiederholen. Ein anderes Mal brach ich mir auf der Bühne drei Finger. Auch nicht schön, aber ich blieb bei Bewusstsein, und die Show musste weitergehen. OP später.

2011 bekamen die Grauen Zellen eine kleine eigene Show im Schlosspark Theater bei Didi Hallervorden. Nach jeder Premiere spielten wir im Anschluss auf der Bühne, dann kamen Mitwirkende aus dem Theaterstück dazu, sangen oder spielten mit. So entstand eine Aftershow-Talk-Show unter dem Titel »Ullis Nachtcafé«. Spaß hatte ich übrigens im gleichen Jahr auch mit Jan Böhmermann. Der moderierte zusammen mit Klaas Häufer-Umlauf auf radio eins die Show »Fest und flauschig«. Eine Zeitlang wurde ich regelmäßig live ins Programm geschaltet, um von Böhmermann mit bekannter Ironie »auseinandergenommen« zu werden. Gern fragten die beiden, von welcher Pommesbude ich denn gerade »live« berichten würde oder was es Neues vom Stadtrand gäbe. Die Interviews waren immer live, und die beiden erwischten mich meist irgendwo unterwegs. Und immer unvorbereitet.

Der 19. Dezember

2016 war mein letztes Jahr vor dem Erreichen des offiziellen Rentenalters. Wie meine alljährlichen Einsätze bei der Berlinale und den Pressebällen, dem Gartenfest des Bundespräsidenten, der Verleihung der Goldenen Kamera oder der »Goldenen Henne« gehörte seit langem auch die alljährliche Veranstaltung von Frank Zander zu meinen Einsätzen als Live-Reporter. Zander lud seit 1995 immer im Dezember rund 2000 Obdachlose zu einem Abend mit Gänsebraten und Musikprogramm ein. Während der Live-Schalte von dieser Veranstaltung 2016 im Neuköllner Hotel Estrel stand ich mit auf der Bühne, auf der Frank Zander mit seinen Gästen einen seiner populärsten Songs intonierte: *Nur nach Hause geh'n wir nicht ...* Die Hertha-Hymne als Finale eines schönen Abends, gerade für Menschen, die normalerweise nicht viel Grund zum Feiern haben und ohne Dach über dem Kopf in Berlin leben.

Die Show war beendet, ich verabschiedete mich von meinen Kolleginnen und Kollegen aus dem Ü-Wagen und fuhr nach Hause. Auf der Stadtautobahn erreichte mich der Anruf meiner Kollegin Regina Paschke, an diesem Tag Chefin vom Dienst in der Spätausgabe der »Abendschau«, ich solle doch bitte zum Breitscheidplatz fahren, dort habe es einen schweren Verkehrsunfall gegeben. Genaueres wusste sie nicht, nur dass ein Lkw darin verwickelt sei. Es war der Abend des Anschlags auf den Weihnachtsmarkt an der Gedächtniskirche.

Bei meiner Ankunft war der Breitscheidplatz bereits abgeriegelt und in flackerndes Blaulicht getaucht. Am U-Bahn-Eingang Zoologischer Garten vor dem Zoopalast fand ich eine Position, von der ich den Ort des Geschehens halbwegs einsehen konnte. Mir wurde klar, dass es sich nicht um einen Verkehrsunfall handeln konnte, sondern dass jemand mit einem Lkw gezielt eine Schneise der Verwüstung, der Zerstörung und des Todes in die Straße der Weihnachtsmarktbuden geschlagen hatte. Doch es fehlte ein Kamerateam, um sofort live zu berichten. Mein Kollege Robert Schneider, Kameramann, war zufällig kurz vor mir dagewesen, hatte erste Bilder vom Unglücksort gemacht und war damit bereits wieder auf dem Weg zum Sender. Aus diesem Material wurde eine Filmschleife geschnitten, zu der ich dann vor Ort berichtete, allerdings per Handy, ohne die Bilder zu sehen.

Sehr bald trafen der damalige Regierende Bürgermeister Michael Müller, der gerade frisch ins Amt gekommene Innensenator Andreas Geisel sowie die Grünen-Abgeordnete Ramona Pop an der Unglücksstelle ein. Berliner Politikerinnen und Politiker sind es gewohnt, zuerst zu den Teams der »Abendschau« zu kommen. An diesem Abend stand da nur ich, ohne Kamera, ohne Licht und ohne Mikrofon, nur mit meinem Handy in der Hand. Ich stellte meine Fragen zur Situation, hielt meinen Gesprächspartnern das Mobiltelefon hin. Und die Politiker gaben ihre Statements ab, die live über das Mobiltelefon gesendet wurden. Die Bilder, die dazu liefen, passten nicht immer zu dem, was gesagt wurde. Wir berichteten in einer Art Blindflug. Irgendwann kam Robert Schneider mit dem nötigen Equipment zurück.

Teilweise musste ich an diesem Abend extrem lange Sendestrecken überbrücken. Zwar konnte ich beschreiben, was ich sah, durfte aber auf redaktionelle Anweisung hin nicht mutmaßen, dass es sich hier wahrscheinlich um einen Terroranschlag handele. Die Informationslage war dünn; als Interviewpartner kamen der Pressesprecher der Polizei, später auch ein Seelsorger an meine Position vor dem Zoopalast. Es war ein schrecklicher, nicht enden wollender Abend. Bis Mitternacht immer wieder auf Sendung, rund drei Stunden lang. Alle Beteiligten im Sender und vor Ort leisteten eine bewundernswert konzentrierte und kompetente Arbeit. Es war einer meiner letzten Live-Einsätze für den rbb.

Zelle Berlin

Theoretisch war ich ab Juni 2016 im Ruhestand. Das bedeutete, dass ich zwar noch als Reporter arbeiten durfte, allerdings nicht mehr live und nicht mehr tagesaktuell. Auch die Moderation des »Heimatjournals« musste ich aufgeben. Das kam einem beruflichen Aus als Reporter gleich. Mein Job war von jetzt an auf die eigens für mich eingerichtete Rubrik »Zelle Berlin« beschränkt. Das bedeutete, für die Sonntagsausgabe der »Abendschau« einen längeren Beitrag über besondere Orte oder Menschen in dieser Stadt zu produzieren. Ich entdeckte also für unser Programm vergessene Bunkeranlagen, stieg in die längsten und tiefsten Tunnel der Stadt, kletterte auf die höchsten Häuser und Türme oder stellte Persönlichkeiten vor, die interessant und nicht unbedingt prominent waren. Eine schöne Aufgabe. Und doch vermisst ein Reporter das Tagesgeschäft.

Dann kam Corona. Einige Kolleginnen und Kollegen waren in dieser Zeit nicht mehr bereit, rauszugehen, unter Menschen zu drehen und sich damit der Gefahr einer Ansteckung auszusetzen. Ich hatte keine Angst, war zur Stelle und machte den Job. Konnte dadurch wieder aktuell arbeiten. Ich drehte in den ersten Impfzentren, führte Interviews mit Albrecht Broemme, dem ehemaligen Landesbranddirektor und jetzt Corona-Krisenmanager, berichtete über Ausgangssperre oder Quarantäne. An sich keine schöne Zeit, aber ich arbeite gern in Ausnahmesituationen.

2016 war zu »Zelle Berlin« die Betreuung der Rubrik »Mein Thema« hinzugekommen. Zuschauerinnen und Zuschauer konnten uns schreiben, uns auf ein Problem aufmerksam machen, ihre Sorgen schildern, und wir nahmen uns der Sache an. Das hieß, Bürgerinnen und Bürger irgendwo in der Stadt treffen, ihre Probleme anhören, zu versuchen, eine Lösung zu finden, dazu Verantwortliche aus Politik oder Wirtschaft vor Kamera und Mikro zu bekommen. Sehr oft ging es dabei um Schwierigkeiten von Mietern, in deren Wohnung beispielsweise die Heizung seit Monaten nicht funktionierte, es kein Wasser gab oder Schimmelpilze blühten. Damit war ich weiter vor Ort, zwar nicht mehr live, aber von vielen Menschen umgeben, die mit echten Problemen kämpften. »Zelle Berlin« am Sonntag und »Mein Thema« am Sonnabend waren jede Woche meine festen Rubriken, mit denen ich zu einer Art Ombudsmann für die Fernsehzuschauerinnen und -zuschauer wurde. Und das über Jahre nach meinem eigentlichen Renteneintritt. Diese kleinen Bastionen in der Fernsehlandschaft blieben mir. Der Sender zeigte sich tatsächlich großzügig.

2018 konnte ich mit meiner Kollegin Silke Cölln ein fünfundvierzigminütiges Fernsehporträt über die ersten hundert Tage der Bundesfamilienministerin Franziska Giffey drehen. Zu Giffey hatte ich schon beruflich Kontakt, als sie noch Bezirksbürgermeisterin in Neukölln war.

Und 2020 schließlich die Schließung von Tegel. Wieder mit Silke Cölln produzierten wir eine neunzigminütige Reportage über TXL, den »Flughafen der Herzen«. Ein Ort, der für mich wie für die meisten Berliner mit Reisen, Urlaub, Begrüßung und Abschied verbunden war. Um Tegel trauerten viele. Selbst die in den Einflugschneisen.

Ich brauchte und brauche die Arbeit. Ich war fast vier Jahrzehnte an der Masurenallee. Ich habe viele Intendanten, Fernsehdirektoren, Chefredakteure, Abteilungsleiter, Redaktionsleiter erlebt – und überlebt. Sie gingen oder mussten gehen. Ich blieb. Fast vier Jahrzehnte lang war ich freier Mitarbeiter. Festangestellte müssen ausscheiden, wenn sie das Rentenalter erreicht haben. Dass ich bleiben konnte, erregte bei manchen, die gehen mussten, Unmut. Das kann ich verstehen. Aber solange meine Arbeit von den Zuschauern und Zuschauerinnen geschätzt wurde und wird, bestärkte mich der Sender in meiner Position.

Unter den Führungskräften des rbb fanden sich mehr und mehr Frauen: Dagmar Reim als erste überhaupt an der Spitze des Senders, Claudia Nothelle als Fernsehdirektorin, später kurz Martina Zöllner, ebenfalls Fernsehdirektorin. Chefredakteur David Biesinger oder Gabriele von Moltke ermöglichten mir sogar eine Verlängerung nach der Verlängerung meiner Tätigkeit. Das war gut so, für mich und, ich hoffe, auch fürs Programm. Weniger gut, dass Patricia Schlesinger durch ihr Führungsgebaren das Haus in eine Finanz- und Imagekrise stürzte. Da wurden Boni an eine wachsende Schar von »Wasserköpfen« gezahlt, Finanzpläne erstellt, die jeglicher Realität entbehrten. Das hatte Folgen für unsere Arbeit und unseren Ruf in der Region. Oft wurde ich 2022/23 im Zuge des »Schlesinger-Skandals« als Reporter auf der Straße angesprochen, gefragt, was denn da an der Masurenallee los sei. Ich kann für mich und unser Team nur sagen, wir haben auch in der Ära Schlesinger bestmögliche journalistische Arbeit geleistet, so gut und objektiv es ging, wie schon in all den Jahren zuvor.

Unter der Interimsintendantin Katrin Vernau, die vom WDR nach Berlin kam, um den rbb wieder auf Kurs zu bringen, wurde zunächst nach der jahrelangen Verschwendung ein Kassensturz nötig. Die Folge waren Kürzungen im Programm, bei den Mitarbeitenden, bei den Honoraren. Sendungen fielen weg, aber es entstanden kaum neue. Der kreative Spielraum gleicht mittlerweile einem Käfig. So können beispielsweise Raiko Thal oder Jörg Tadeusz nicht mehr im Studio produzieren, werden ganze Sendungen mit dem Handy aufgenommen. Geht auch, aber ... Die Verantwortlichen aus den oberen Etagen stürzten tief und mussten nach und nach das Haus verlassen. Ich blieb.

Mittlerweile sind auch etliche Kolleginnen und Kollegen, die jünger sind als ich, nicht mehr da und bereits im Ruhestand. Ich vermisse viele von ihnen, wie ich überhaupt die Kollegialität, das Zusammenspiel in der Redaktion vermisse. Eigentlich gibt es ja keine Redaktionen mehr, die »Abendschau« ist eine von vielen »Ausspielflächen« des Senders, koordiniert von einem »Newscenter«, das zentral plant und Themen vergibt, die dann Reporterinnen und

Reporter, die im Dienstplan stehen, umsetzen müssen, egal, ob sie zu dem einen oder anderen Thema einen besonderen Bezug oder Wissensstand haben. Eine Nachrichtenmaschinerie. Immer neue Leute, die kommen, wieder gehen. Nicht alle können allein von der Arbeit bei der »Abendschau« leben, produzieren parallel für andere Sender. Ich hingegen habe mich immer als fester Bestandteil der Redaktion gefühlt, die manchmal für mich fast familiäre Züge hatte. Das ist lange vorbei. Viele klagen darüber, keiner klagt es an. Es geht ja irgendwie weiter. Und die »Abendschau« ist und bleibt das Flaggschiff des Senders mit Spitzenwerten bei den Einschaltquoten um dreißig Prozent. Andere Formate dagegen versinken im Quotenkeller. Es gibt einfach keine Konkurrenz zu dieser wirklich gut gemachten Sendung. Nur die »Abendschau« bietet in diesem Umfang bewegte Bilder aus Berlin, es gibt keinen anderen relevanten Berliner Regionalsender. Punkt.

Nun aber scheint das letzte Kapitel meiner Reportertätigkeit beim rbb aufgeschlagen zu sein. Langsam muss ich Jüngeren Platz machen. Eine Art letztes Aufbäumen ist das Kuratieren von Fernsehfilmen der vergangenen fünfzig Jahre aus den Archiven des Sender Freies Berlin und des DDR-Fernsehens. Die darf ich nun jeden Sonnabend ab 20 Uhr 15 auf rbb als eine Art Programm-Ansager präsentieren. Darüber hinaus bleibt »Zelle Berlin« fester Bestandteil meiner Arbeit und mit meiner Person verbunden. Aber auch damit wird irgendwann Schluss sein. Als Endpunkt habe ich mir mein vierzigstes

Dienstjubiläum beim Sender ausgeguckt, im März 2025.

Vierzig Jahre Reporter in der Hauptstadt, eine schöne Bilanz. In keiner anderen deutschen Stadt hätte ich in meinem Beruf so viel erleben können. Hier wurde Geschichte geschrieben, und ich konnte darüber berichten. Die Teilung der Stadt mit ihren Kuriositäten, der Fall der Mauer, die Wiedervereinigung, das Zusammenwachsen der beiden Stadthälften, das Entstehen neuer Quartiere, einer neuen Infrastruktur und eines Regierungsviertels, all das war spannend zu beobachten. In diesen vier Jahrzehnten hatte ich Tausende Menschen vor meinem Mikrofon, Prominente wie Nicht-Prominente. Rund 30.000 Einträge zeigt der Rechner des Fernseharchivs an, wenn ich meinen Namen eingebe: jede Menge Arbeit, aber auch viel Freude und auch jede Menge Fehler. Es ist die Bilanz eines erfüllten beruflichen Lebens, das mir so viele Chancen, so viele Einblicke, so viele Begegnungen gewährte – sei es mit Kirk Douglas oder Jack Lemmon, Elisabeth Bergner oder Hildegard Knef, Yoko Ono, Mick Jagger, Michail Gorbatschow oder Harald Juhnke. Es waren Hunderte. Begegnungen für Minuten. Aber das alles hat mein Leben mit geprägt.

Am Ende sind aber immer noch die wichtig, die am Anfang dieses Buches genannt werden, die mittlerweile alten Freunde aus den ersten Jahren in Berlin, die Freunde geblieben sind. Diese Bindungen sind das Öl im Getriebe des Lebens. Familie und Freunde, die Basis meiner Existenz. Dazu der Schatz an Erfahrungen aus einem halben Jahrhundert Berlin und aus vierzig Jahren an der Masurenallee.

Mit dem Haus des Rundfunks werde ich wohl, zumindest emotional, weiter verbunden bleiben. Mit Berlin sicher immer. Lebenslänglich.

Das Schlusswort gehört Hildegard Knef: »In dieser Stadt kenn' ich mich aus ...«

Deutsche Bank

Abbildungsnachweis

Ingo Barth: S. 60; Norbert Ernesti: S. 171; Elke Jung-Wolff: S. 126 unten; Rolf Mehldau: S. 120; Pressestelle SFB/rbb: S. 51, 87, 121, 126 oben, 139, 142, 147, 153, 167, 179, 222/223; VOX Film- und Fernseh-GmbH & Co. KG: S. 117; Erika Rabau: S. 65; Ulli Zelle: S. 19, 32, 69, 123, 157, 163, 165, 166, 181, 185, 189, 197, 209

Trotz aller Bemühungen war es uns nicht möglich, alle Bildrechteinhaber zu ermitteln. Wir bitten nicht genannte Rechteinhaber, sich beim Verlag zu melden.

Die detaillierten bibliografischen Daten dieses Titels sind in der Nationalbibliografie der Deutschen Nationalbibliothek abzurufen unter: http://dnb.d-nb.de.

in der Nicolaischen Verlagsbuchhandlung GmbH
Brüderstraße 13, 10178 Berlin
info@nicolaiverlag.de
www.nicolaiverlag.de
Umschlag gestaltet von Falk Flach, typegerecht berlin,
unter Verwendung eines Fotos von © rbb/Gundula Krause
Gesetzt von Thomas König, typegerecht berlin
mit den Schriften »Tzimmes« und »Brother 1816«
Gedruckt bei GGP Media GmbH, Pößneck
ISBN 978-3-96476-100-2